교육급수
필수교재

한자능력 검정시험

기출·예상문제집
한국어문회가 직접 발간한 문제집

4급

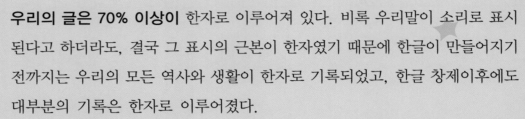

머리말

우리의 글은 70% 이상이 한자로 이루어져 있다. 비록 우리말이 소리로 표시되다고 하더라도, 결국 그 표시의 근본이 한자였기 때문에 한글이 만들어지기전까지는 우리의 모든 역사와 생활이 한자로 기록되었고, 한글 창제이후에도 대부분의 기록은 한자로 이루어졌다.

따라서 우리의 학문, 역사, 민속 등 모든 문화유산은 한자를 모르고는 정확히이해할 수 없으며, 무엇보다 지금 당장의 생활과 공부를 위해서도 한자가 필요한 것이다.

그 동안 어문교육에 대한 이견으로 한자 교육의 방향성이 중심을 잡지 못하고 표류하였으나 아무리 한글전용이 기본이고 어려운 한자어를 우리말로 바꾸는 작업을 꾸준히 한다 하더라도 눈앞에 문장을 이해하지 못하고 어쩔 수없이 사교육의 영역에서 한자를 공부하는 현실을 부인할 수 없는 것이다. 공교육의 영역에서 충실한 한자교육이 이루어지지 못하는 지금의 상황에서는한자학습의 주요한 동기부여수단의 하나인 동시에 학습결과도 확인해볼 수있는 한자능력검정시험의 역할이 더욱 중요하기 때문에, 우선적으로 시험을위한 문제집으로서 이 책을 출간하게 되었다. 한자공부가 어렵게만 느껴지는분들에게 이 책이 충분히 도움이 될 것으로 믿으며, 한자학습을 지도하는 부모님들이나 선생님들의 부담도 덜어줄 것이라고 감히 추천하는 바이다.

이 책의 구성

- **출제유형 및 합격기준**
- **출제유형분석** – 학습이나 지도의 가이드라인을 제시
- **배정한자 및 사자성어 수록**
- **반대자, 반대어**
- **유의자, 유의어**
- **약자**
- **예상문제** – 기출문제분석에 의한 배정한자의 문제화
- **실제시험답안지** – 회별로 구성
- **최근 기출문제 8회분 수록**

이 책이 여러분들의 한자실력향상에 도움이 되기를 바란다.

편저자 씀

한자능력시험 급수별 출제유형

구 분	특급	특급II	1급	2급	3급	3급II	4급	4급II	5급	5급II	6급	6급II	7급	7급II	8급
읽기 배정 한자	5,978	4,918	3,500	2,355	1,817	1,500	1,000	750	500	400	300	225	150	100	50
쓰기 배정 한자	3,500	2,355	2,005	1,817	1,000	750	500	400	300	225	150	50	0	0	0
독 음	45	45	50	45	45	45	32	35	35	35	33	32	32	22	24
한자 쓰기	40	40	40	30	30	30	20	20	20	20	20	10	0	0	0
훈 음	27	27	32	27	27	27	22	22	23	23	22	29	30	30	24
완성형[성어]	10	10	15	10	10	10	5	5	4	4	3	2	2	2	0
반의어	10	10	10	10	10	10	3	3	3	3	3	2	2	2	0
뜻풀이	5	5	10	5	5	5	3	3	3	3	2	2	2	2	0
동음이의어	10	10	10	5	5	5	3	3	3	3	2	0	0	0	0
부 수	10	10	10	5	5	5	3	3	0	0	0	0	0	0	0
동의어	10	10	10	5	5	5	3	3	3	3	2	0	0	0	0
장단음	10	10	10	5	5	5	3	0	0	0	0	0	0	0	0
약 자	3	3	3	3	3	3	3	3	3	3	0	0	0	0	0
필 순	0	0	0	0	0	0	0	0	3	3	3	3	2	2	2
한 문	20	20	0	0	0	0	0	0	0	0	0	0	0	0	0

▶ 상위급수 한자는 모두 하위급수 한자를 포함하고 있습니다.

▶ 쓰기 배정 한자는 한두 급수 아래의 읽기 배정한자이거나 그 범위 내에 있습니다.

▶ 출제유형표는 기본지침자료로서, 출제자의 의도에 따라 차이가 있을 수 있습니다.

▶ 공인급수는 교육과학기술부로부터 국가공인자격 승인을 받은 특급·특급II·1급·2급·3급·3급II이며, 교육 급수는 한국한자능력검정회에서 시행하는 민간자격인 4급·4급II·5급·5급II·6급·6급II·7급·7급II·8급 입니다.

▶ 5급II·7급II는 신설 급수로 2010년 11월 13일 시험부터 적용됩니다.

▶ 6급II 읽기 배정한자는 2010년 11월 13일 시험부터 300자에서 225자로 조정됩니다.

한자능력검정시험 합격기준

구 분	특급	특급II	1급	2급	3급	3급II	4급	4급II	5급	5급II	6급	6급II	7급	7급II	8급
출제문항수	200	200	200	150	150	150	100	100	100	100	90	80	70	60	50
합격문항수	160	160	160	105	105	105	70	70	70	70	63	56	49	42	35
시험시간	100분	100분	90분	60분	60분	60분	50분	50분	50분	50분	50분	50분	50분	50분	50분

▶ 특급, 특급II, 1급은 출제 문항수의 80% 이상, 2급 ~ 8급은 70% 이상 득점하면 합격입니다.

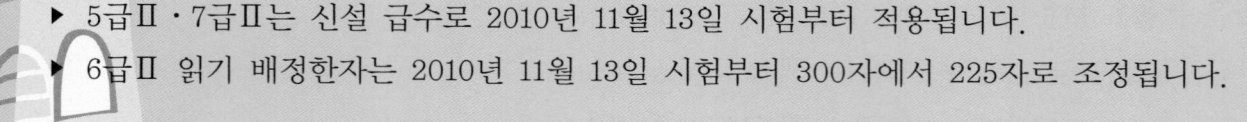

차 례

4급 예상문제

4급 기출문제

유형분석(類型分析)

→ 기출문제의 유형들을 분석하여 실제문제에 완벽히 대비할 수 있도록 하였습니다.

4級에서는 5級과 달리 한자어의 讀音, 한자의 訓音, 한자어 등의 빈칸을 메워 완성하는 문제, 反對語[相對語] 문제, 同意語[類義語] 문제, 한자어의 뜻풀이 문제, 한자나 한자어를 직접 쓰는 문제, 同音異義語 문제, 略字 (약자 : 획수를 줄인 漢字), 문제 외에 部首 문제가 출현하며 長短音(한자말 첫소리의 길고 짧은 소리) 문제도 나온다. 대신 4급Ⅱ부터는 筆順 문제는 나오지 않는다. 총 100문제가 출제된다.

우선 정해진 배정한자 1,000자 낱글자의 훈음을 모두 익힌 뒤에 그 글자들이 어울려 만들어내는 한자어의 독음과 뜻을 학습하여야 한다. 그리고 反對語[相對語], 同意語[類義語], 同音異義語의 개념도 학습하여야 한다. 또 전체 배정한자의 部首와 해당 범위 내의 略字(약자 : 획수를 줄인 漢字)도 익혀 두어야 한다. 한자 쓰기 문제에 대비하기 위해서는 5급에서 익혔던 500자 범위 내의 한자어 중 많이 쓰이는 중요한 것은 모두 읽고 쓸 줄 알아야 한다.

長短音은 특별한 규칙이 있는 것이 아니므로 기본 지침서의 장단음표를 참조하여 한자어 전체를 소리내어 발음하면서 입에 배도록 익혀야 한다. 기출 문제를 풀어 보고 시험에 자주 등장하는 장음 한자어들만 따로 모아 문장을 만들어 익히는 등의 여러 노력이 필요하다.

시험에서 중요한 사항은 우선 출제자가 요구하는 답이 무엇인지 질문을 통해 확인하여야 한다. 기출문제를 풀어 보면 알 수 있지만 대개 질문은 회차에 무관하게 각 급수별로 일정한 유형으로 정해져 있다. 따라서 기출문제를 통하여 질문에 익숙해져야 한다.

① 한자어의 讀音 문제는 대개 지문과 함께 한자어가 제시된다.

다음 밑줄 친 漢字語의 讀音을 쓰시오. (1~5)

1 평평한 곳에 회색 피륙으로 <u>揮帳</u>을 쳤다.

2 인류에게 <u>穀類</u>의 생산은 혁명이었다.

3 남의 손아래 누이를 높여 <u>令妹</u>라고 한다.

4 할아버지는 <u>易術</u>에 능하셨다.

5 정당한 <u>批判</u>은 받아들여야 한다.

유 형 해 설

기본적으로 한자 낱글자의 소리를 알고 있으면 답할 수 있다. 다만 두음법칙, 속음, 여러 가지 소리가 나는 글자 등에 주의하면 된다. 위의 문장의 '令妹'의 경우 답안지에는 '영매'로 적어야 한다. '령매'로 적으면 틀린 답이 된다. '令'은 본래 소리가 '령'이지만 국어에는 두음법칙이 있어 첫소리에 'ㄹ'이 오는 것을 꺼리므로 '영'으로 하여야 한다. 물론 한자어가 '法令'으로 '令'이 뒤에 온다면 '법령'으로 정상적으로 '령'로 답하면 된다.

한편 '論難'의 경우 답안지에는 '논란'으로 적어야 하며, '논난'으로 적으면 틀린 답이 된다. 속음이라 하여 국어에는 한국인이 소리내기 쉽게 한자음이 바뀌는 경우 등이 발생하며 이때는 바뀐 한자 소리를 우선하여야 한다. 이런 한자어들은 사례가 많지 않으므로 기본 지침서를 활용하여 익혀두면 된다.

또 한자의 소리가 '렬, 률'인 것이 모음이나 'ㄴ' 뒤에 오는 경우 국어에서는 '열, 율'로 소리나고 표기하게 되어 있는 것에 주의하여야 한다. 예로 戰列은 한자음 대로 하면 '전렬'이지만 'ㄴ' 뒤에 '렬(列)'이 오는 데서 실제 소리와 표기는 '전열'이 되는 점에 주의하여야 한다.

그리고 위의 易術의 '易'처럼 '역'과 '이'의 두 가지 이상의 소리가 있는 한자는 어울리는 한자와 뜻에 의하여 소리가 달라지므로 평소에 자주 쓰이는 두 가지 이상의 훈음을 가진 한자는 주의깊게 익혀 두어야 한다. 易術은 소리가 '역술'이 되고, '便易'는 그 소리가 '편이'가 되는 것이다.

❷ 한자의 訓音 문제는 대개 다음과 같다.

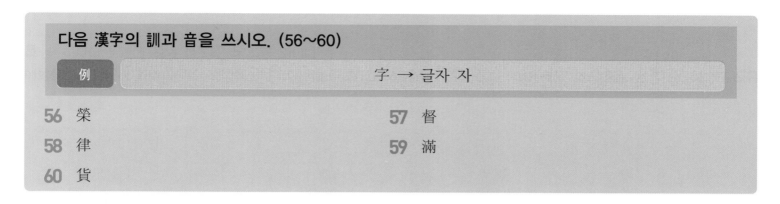

다음 漢字의 訓과 音을 쓰시오. (56~60)

| 例 | 字 → 글자 자 |

56 榮   57 督
58 律   59 滿
60 貨

유형해설

위의 訓音 문제는 한자 낱글자의 뜻과 소리를 알고 있으면 풀 수 있는 문제들이다.

❸ 한자어의 뜻풀이 문제는 대개 다음과 같다.

다음 漢字語의 뜻을 쓰시오. (98~100)

98 工期   99 放置
100 路邊

유형해설

뜻풀이 문제는 배정한자 범위 내에 있는 자주 쓰이는 한자어들을 익혀 두어야 한다. 한자의 訓音으로 한자어의 뜻을 짐작하는 훈련을 하고, 뜻을 가지고 해당 한자어를 머릿속에 떠올리고 쓸 수 있도록 연습하여야 한다.

그리고 한자어는 순우리말과 풀이 순서가 다를 수 있으므로 한자어의 구조에 대하여도 기본적인 것은 학습하여 두어야 한다. 예로 植木은 보통 '심을 식, 나무 목'으로 익혀 植木을 '심은 나무' 등으로 풀이하기 쉬운데, 뜻이 달라지거나 말이 통하지 않으므로 뒤부터 풀이하여 '나무를 심음'이라는 뜻이 드러나도록 표현하여야 한다. 또 대표훈음만으로는 이해되지 않는 자주 쓰이는 한자어도 출제되므로 한자어가 잘 이해가 안 될 때는 자전 등을 참고하여 다른 중요한 뜻도 공부하여 두어야 한다. 예로 選手의 경우 '가릴 선, 손 수'가 대표훈음이지만 이를 토대로 '가린 손'이라 해 보아야 뜻이 통하지 않는 것이다. 이런 경우의 '手'는 '사람'의 뜻이라는 것도 알아 두어야 '(여럿 중에서)가려 뽑은 사람'이라는 뜻을 이해하고 설명할 수 있는 것이다.

❹ 相對語[反對語], 同義語[類義語] 문제는 대개 相對[反對] 또는 같거나 비슷한 뜻을 지닌 한자를 찾아내어 한자어를 완성하는 형태이다.

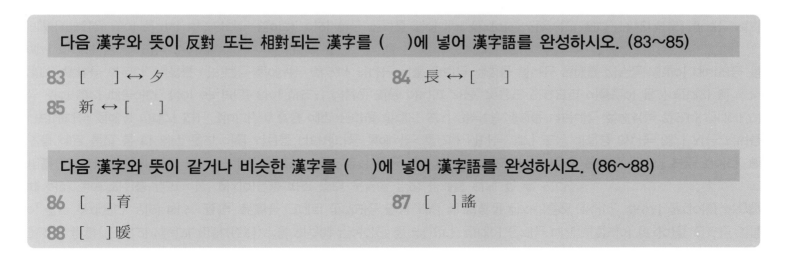

다음 漢字와 뜻이 反對 또는 相對되는 漢字를 (   )에 넣어 漢字語를 완성하시오. (83~85)

83 [   ] ↔ 夕   84 長 ↔ [   ]
85 新 ↔ [   ]

다음 漢字와 뜻이 같거나 비슷한 漢字를 (   )에 넣어 漢字語를 완성하시오. (86~88)

86 [   ]育   87 [   ]謠
88 [   ]暖

평소에 相對(反對)의 개념과 相對(反對)字를 학습해 두어야만 풀 수 있다. 반대어 문제는 대개 결합되어 한자어를 만드는 것들이 주로 출제된다. 위의 朝夕, 長短, 新舊는 그대로 반대되는 뜻을 지닌 채 결합한 한자어들인 것이다. 따라서 한자어를 학습할 때 이런 점에 관심을 두고 이런 한자어들을 따로 추려 공부해 두면 문제를 쉽게 풀 수 있다.

相對(反對)는 완전히 다른 것은 아니다. 비교의 기준으로서 같은 점이 있어야 하고 하나 이상은 달라야 반대가 되는 것이다. 朝夕을 예로 들면 둘 다 하루 중의 어떤 시점을 나타낸다는 점에서는 같으나 하나는 해가 뜨는 아침을 하나는 해가 지는 저녁을 나타낸다는 점에서 반대가 되는 것이다. 春夏를 예로 든다면 반대가 되지 않는다. 계절을 나타내는 점에서는 같으나 반대가 되는 것이 없기 때문이다. 봄이 아니라고 하여 반드시 여름인 것은 아니고 가을, 겨울도 있으므로 여름만이 봄의 반대가 될 수는 없다. 春秋는 다르다. 계절을 나타내는 점에서는 같으나 하나는 씨를 뿌리는 계절을 하나는 열매를 거두는 계절이 대비되는 점에서 반대가 될 수 있는 것이다.

同義[類義]란 뜻이 같거나 비슷하다는 뜻이다. 이와 같은 한자를 찾아내어 한자어를 완성하면 된다. 同義[類義] 문제는 역시 대개 결합되어 한자어를 만드는 것들이 주로 출제된다. 위의 養育, 歌謠, 溫暖은 뜻이 같거나 비슷한 글자끼리 결합된 한자어인 것이다.

5 4급Ⅱ 부터의 同音異義語 문제는 5급 등과 달리 同音異義字[소리는 같고 뜻은 다른 글자]를 묻는 문제가 아닌 본격적인 同音異義語[소리는 같고 뜻은 다른 한자어] 문제가 출제된다.

다음 漢字語와 음은 같되 뜻이 다른 漢字語가 되도록 ( ) 안에 漢字를 쓰시오. (89~91)

89 果實 – [　]失 : 잘못이나 허물

90 小食 – [　]息 : 안부나 어떤 형세 따위를 알리거나 통지함

91 思考 – 社[　] : 회사에서 내는 광고

제시된 한자어를 통해 소리는 알 수 있으므로, 제시된 뜻을 통해 특정 소리와 뜻을 가진 한자를 찾아내어 한자어를 완성하는 문제로 볼 수 있다. 위의 果實의 독음이 '과실'임을 안다면 완성해야할 문제의 괄호 속의 한자의 소리는 '과'일 것이고, '과' 소리를 가진 한자 중에 제시된 '잘못이나 허물'이라는 단서를 통하여 '過'를 찾아내면 되는 것이다. 다른 문제와 달리 읽을 수 있다면 괄호 속에 어울릴 한자를 찾아낼 단서는 뜻 이외에 하나가 더 생기는 셈이다. 만일 읽을 수 없다면 문제를 풀기 어렵다.

6 완성형 문제는 대개 사자성어나 고사성어 등의 한 글자 정도를 비워 놓고 채워 넣을 수 있는 지를 검정하는 문제가 출제된다.

다음 ( )에 알맞은 漢字를 써서 四字成語를 완성하시오. (78~82)	
78 [　]天愛人	79 安貧[　]道
80 萬古不[　]	81 秋[　]落葉
82 百年河[　]	

배정한자 범위내의 자주 쓰이는 사자성어나 고사성어는 별도로 익혀두는 것이 좋다. '경천애인, 백년하청' 등 소리만이라도 연상할 수 있다면 문제에 쉽게 접근할 수 있을 것이다.

7 한자어를 쓰는 문제는 대개 맞는 한자어를 바로 머리에 떠올릴 수 있도록 지문이 주어진다.

다음 밑줄 친 漢字語를 漢字로 쓰세요. (94~95)

20세기 말에는 <u>외형</u>[94]상으로는 기적적인 발전을 이룬 것으로 평가 받기도 하였다. '근대화'란 <u>급속</u>[95]한 '서구화'를 의미하는 것으로

다음 漢字語를 漢字로 쓰시오. (46~48)

46 아동 : 어린 아이

47 약초 : 약으로 쓰는 풀

48 농업 : 농사를 짓는 직업

다음의 뜻을 가진 故事成語를 漢字로 쓰시오. (85~86)

85 [   ] : 실물을 보면 욕심이 생기게 된다는 말

86 [   ] : 어느 모로 보나 아름다운 미인
　　　　　　　　온갖 방면의 일에 능통한 사람

유형해설

한자어를 쓰는 문제는 한자 능력을 종합적으로 검정하는 문제라고 할 수 있다. 평소에 익힌 한자와 한자어를 여러 번 써 보고 뜻을 익히는 일을 게을리하지 말아야 한다. 또 문장 속에서 익힌 한자어를 활용하는 습관을 들여야 한다.

8 略字(약자 : 획수를 줄인 漢字) 문제는 대개 정자를 제시하고 해당 약자를 쓰라는 형태로 출제되지만, 간혹 약자를 제시하고 정자로 바꾸어 쓰라는 문제도 출제되므로 범위 내의 정자와 약자를 다 익혀 두어야 한다.

다음 漢字를 略字로 바꾸어 쓰시오. (76~78)

76 學

77 傳

78 醫

9 部首 문제는 주로 한자를 제시하고 그 한자의 부수를 찾아내어 쓰라는 형태로 출제된다.

다음 漢字의 部首를 쓰시오. (73~75)

73 困

74 鳴

75 頭

유형해설

문제는 해당 한자의 부수를 찾아내어 한자의 뜻을 짐작하고 자전에서 찾아낼 수 있는 능력 여부를 검정하는 데 주안점이 있으므로 다소 주변적인 획수를 묻는 문제는 출제된 적이 없다. 평소에 배정한자의 부수를 중심으로 학습하여 두면 된다.

⑩ 長短音(장단음)

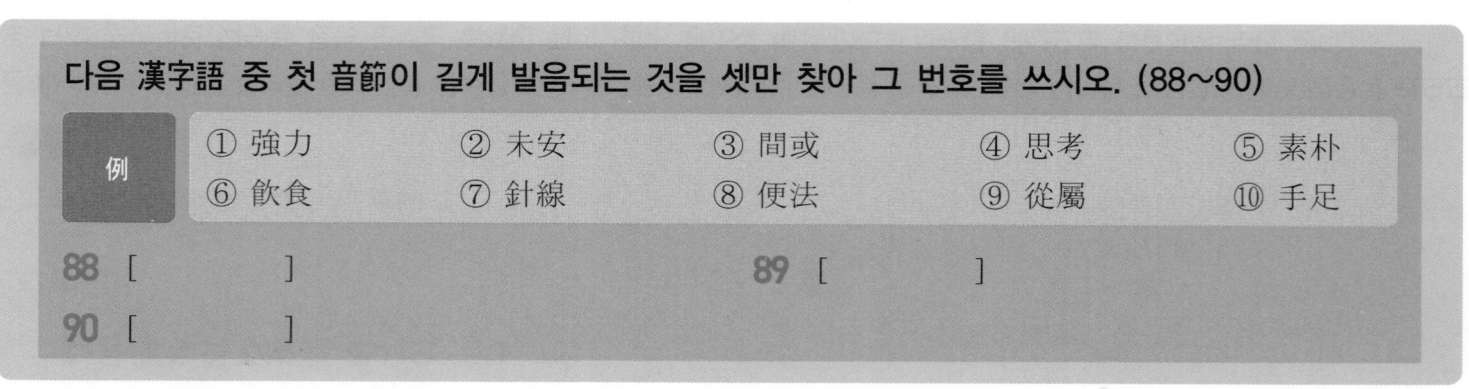

다음 漢字語 중 첫 音節이 길게 발음되는 것을 셋만 찾아 그 번호를 쓰시오. (88~90)

例	① 強力	② 未安	③ 間或	④ 思考	⑤ 素朴
	⑥ 飮食	⑦ 針線	⑧ 便法	⑨ 從屬	⑩ 手足

88 [   ]   89 [   ]

90 [   ]

유형해설

長短音(한자말 첫소리의 길고 짧은 소리) 문제는 쉽지 않다. 長短音은 특별한 규칙이 있는 것이 아니므로 기본 지침서의 장단 음표를 참조하여 한자어 전체를 소리내어 발음하면서 입에 배도록 익혀야 한다. 기출 문제를 풀어 보고 시험에 자주 등장하는 장음 한자어들만 따로 모아 문장을 만들어 익히는 등의 여러 노력이 필요하다.

배정한자(配定漢字)

8급~4급(1,000자)

한자음 뒤에 나오는 ":"는 장음 표시입니다. "(:)"는 장단음 모두 사용되는 한자이며, ":"나 "(:)"이 없는 한자는 단음으로만 쓰입니다.

8급 배정한자(50자)

教	가르칠	교:	母	어미	모:	小	작을	소:	中	가운데	중
校	학교	교:	木	나무	목	水	물	수:	青	푸를	청
九	아홉	구	門	문	문	室	집	실	寸	마디	촌:
國	나라	국	民	백성	민	十	열	십	七	일곱	칠
軍	군사	군	白	흰	백	五	다섯	오:	土	흙	토
金	쇠	금	父	아비	부	王	임금	왕	八	여덟	팔
	성(姓)	김	北	북녘	북	外	바깥	외:	學	배울	학
南	남녘	남		달아날	배:	月	달	월	韓	한국	한(:)
女	계집	녀	四	넉	사:	二	두	이:		나라	한(:)
年	해	년	山	메	산	人	사람	인	兄	형	형
大	큰	대(:)	三	석	삼	一	한	일	火	불	화(:)
東	동녘	동	生	날	생	日	날	일			
六	여섯	륙	西	서녘	서	長	긴	장(:)			
萬	일만	만:	先	먼저	선	弟	아우	제:			

☑ 8급 배정한자는 모두 50자로, 읽기 50자이며, 쓰기 배정한자는 없습니다. 가장 기초적인 한자들로 꼭 익혀 둡시다.

7급 II 배정한자(50자)

家	집	가	工	장인	공	內	안	내:	力	힘	력
間	사이	간(:)	空	빌	공	農	농사	농	立	설	립
江	강	강	氣	기운	기	答	대답	답	每	매양	매(:)
車	수레	거	記	기록할	기	道	길	도:	名	이름	명
	수레	차	男	사내	남	動	움직일	동:	物	물건	물

方	모(稜)	방	食	밥	식	全	온전	전	漢	한수	한:
不	아닐	불		먹을	식	前	앞	전		한나라	한:
事	일	사:	安	편안	안	電	번개	전:	海	바다	해:
上	윗	상:	午	낮	오:	正	바를	정(:)	話	말씀	화
姓	성	성:	右	오를	우:	足	발	족	活	살	활
世	인간	세:		오른(쪽)	우:	左	왼	좌:	孝	효도	효:
手	손	수(:)	子	아들	자	直	곧을	직	後	뒤	후:
市	저자	시:	自	스스로	자	平	평평할	평			
時	때	시	場	마당	장	下	아래	하:			

☑ 7급Ⅱ 배정한자는 모두 100자로, 8급 배정한자(50자)를 제외한 50자만을 담았습니다. 8급과 마찬가지로 쓰기 배정한자는 없습니다.

7급 배정한자(50자)

歌	노래	가	面	낯	면:	植	심을	식	住	살	주:
口	입	구(:)	命	목숨	명:	心	마음	심	重	무거울	중:
旗	기	기	問	물을	문:	語	말씀	어:	地	따	지
冬	겨울	동(:)	文	글월	문	然	그럴	연	紙	종이	지
同	한가지	동	百	일백	백	有	있을	유:	千	일천	천
洞	골	동	夫	지아비	부	育	기를	육	天	하늘	천
	밝을	통:	算	셈	산:	邑	고을	읍	川	내	천
登	오를	등	色	빛	색	入	들	입	草	풀	초
來	올	래(:)	夕	저녁	석	字	글자	자	村	마을	촌:
老	늙을	로:	少	적을	소:	祖	할아비	조	秋	가을	추
里	마을	리:	所	바	소:	主	임금	주	春	봄	춘
林	수풀	림	數	셈	수:		주인	주	出	날(生)	출

| 便 | 편할 | 편(:) | 夏 | 여름 | 하: | 休 | 쉴 | 휴 |
| | 똥오줌 | 변 | 花 | 꽃 | 화 | | | |

☑ 7급 배정한자는 모두 150자로, 7급Ⅱ 배정한자(100자)를 제외한 50자만을 담았습니다. 8급, 7급Ⅱ와 마찬가지로 쓰기 배정한자는 없습니다.

6급 Ⅱ 배정한자(75자)

各	각각	각		구절	두	線	줄	선	意	뜻	의:
角	뿔	각	童	아이	동(:)	雪	눈	설	作	지을	작
界	지경	계:	等	무리	등:	成	이룰	성	昨	어제	작
計	셀	계:	樂	즐길	락	省	살필	성	才	재주	재
高	높을	고		노래	악		덜	생	戰	싸움	전:
公	공평할	공		좋아할	요	消	사라질	소	庭	뜰	정
共	한가지	공:	利	이할	리:	術	재주	술	第	차례	제:
功	공(勳)	공	理	다스릴	리:	始	비로소	시:	題	제목	제
果	실과	과:	明	밝을	명	信	믿을	신:	注	부을	주:
科	과목	과	聞	들을	문(:)	新	새	신	集	모을	집
光	빛	광	半	반(半)	반:	神	귀신	신	窓	창	창
球	공	구	反	돌이킬	반:	身	몸	신	淸	맑을	청
今	이제	금		돌아올	반:	弱	약할	약	體	몸	체
急	급할	급	班	나눌	반	藥	약	약	表	겉	표
短	짧을	단(:)	發	필	발	業	업	업	風	바람	풍
堂	집	당	放	놓을	방(:)	勇	날랠	용:	幸	다행	행:
代	대신할	대:	部	떼	부	用	쓸	용:	現	나타날	현:
對	대할	대:	分	나눌	분(:)	運	옮길	운:	形	모양	형
圖	그림	도	社	모일	사	音	소리	음	和	화할	화
讀	읽을	독	書	글	서	飮	마실	음(:)	會	모일	회:

☑ 6급Ⅱ 배정한자는 모두 225자로, 7급 배정한자(150자)를 제외한 75자만을 담았습니다. 쓰기 배정한자 8급 50자입니다.

6급 배정한자(75자)

漢字	훈	음	漢字	훈	음	漢字	훈	음	漢字	훈	음
感	느낄	감:	綠	푸를	록	習	익힐	습	章	글	장
強	강할	강(:)	李	오얏	리	勝	이길	승	在	있을	재:
開	열	개		성(姓)	리	式	법	식	定	정할	정:
京	서울	경	目	눈	목	失	잃을	실	朝	아침	조
古	예	고:	米	쌀	미	愛	사랑	애(:)	族	겨레	족
苦	쓸[味覺]	고	美	아름다울	미(:)	夜	밤	야:	晝	낮	주
交	사귈	교	朴	성(姓)	박	野	들(坪)	야:	親	친할	친
區	구분할	구	番	차례	번	洋	큰바다	양	太	클	태
	지경	구	別	다를	별	陽	볕	양	通	통할	통
郡	고을	군:		나눌	별	言	말씀	언	特	특별할	특
根	뿌리	근	病	병	병:	永	길	영:	合	합할	합
近	가까울	근:	服	옷	복	英	꽃부리	영	行	다닐	행(:)
級	등급	급	本	근본	본	溫	따뜻할	온		항렬	항
多	많을	다	使	하여금	사:	園	동산	원	向	향할	향:
待	기다릴	대:		부릴	사:	遠	멀	원:	號	이름	호(:)
度	법도	도(:)	死	죽을	사:	油	기름	유	畫	그림	화:
	헤아릴	탁	席	자리	석	由	말미암을	유		그을	획(劃)
頭	머리	두	石	돌	석	銀	은	은	黃	누를	황
例	법식	례:	速	빠를	속	衣	옷	의	訓	가르칠	훈:
禮	예도	례:	孫	손자	손(:)	醫	의원	의			
路	길	로:	樹	나무	수	者	놈	자			

☑ 6급 배정한자는 모두 300자로, 6급Ⅱ 배정한자(225자)를 제외한 75자만을 담았습니다. 쓰기 배정한자 7급 150자입니다.

5급 II 배정한자(100자)

價	값	가	德	큰	덕	仙	신선	선	元	으뜸	원
客	손	객	到	이를	도:	鮮	고울	선	偉	클	위
格	격식	격	獨	홀로	독	說	말씀	설	以	써	이:
見	볼	견:	朗	밝을	랑:		달랠	세:	任	맡길	임(:)
	뵈올	현:	良	어질	량	性	성품	성:	材	재목	재
決	결단할	결	旅	나그네	려	歲	해	세:	財	재물	재
結	맺을	결	歷	지날	력	洗	씻을	세:	的	과녁	적
敬	공경	경:	練	익힐	련:	束	묶을	속	傳	전할	전
告	고할	고:	勞	일할	로	首	머리	수	典	법	전:
課	공부할	과(:)	流	흐를	류	宿	잘	숙	展	펼	전:
	과정	과(:)	類	무리	류(:)		별자리	수:	切	끊을	절
過	지날	과:	陸	뭍	륙	順	순할	순:		온통	체
觀	볼	관	望	바랄	망:	識	알	식	節	마디	절
關	관계할	관	法	법	법	臣	신하	신	店	가게	점:
廣	넓을	광:	變	변할	변:	實	열매	실	情	뜻	정
具	갖출	구(:)	兵	병사	병	兒	아이	아	調	고를	조
舊	예	구:	福	복	복	惡	악할	악	卒	마칠	졸
局	판[形局]	국:	奉	받들	봉:		미워할	오	種	씨	종(:)
基	터	기	仕	섬길	사(:)	約	맺을	약	州	고을	주
己	몸	기	史	사기(史記)	사:	養	기를	양:	週	주일	주
念	생각	념:	士	선비	사:	要	요긴할	요(:)	知	알	지
能	능할	능	産	낳을	산:	友	벗	우:	質	바탕	질
團	둥글	단	商	장사	상	雨	비	우:	着	붙을	착
當	마땅	당	相	서로	상	雲	구름	운	參	참여할	참

責	꾸짖을	책	品	물건	품:	害	해할	해:	凶	흉할	흉
充	채울	충	必	반드시	필	化	될	화(:)			
宅	집	택	筆	붓	필	效	본받을	효:			

☑ 5급Ⅱ 배정한자는 모두 400자로, 6급 배정한자(300자)를 제외한 100자만 담았습니다. 쓰기 배정한자는 6급Ⅱ 225자입니다.

5급 배정한자(100자)

加	더할	가	技	재주	기	無	없을	무	億	억[數字]	억
可	옳을	가:	期	기약할	기	倍	곱	배(:)	熱	더울	열
改	고칠	개(:)	汽	물끓는김	기	比	견줄	비:	葉	잎	엽
去	갈	거:	吉	길할	길	費	쓸	비:	屋	집	옥
擧	들	거:	壇	단	단	鼻	코	비:	完	완전할	완
件	물건	건	談	말씀	담	氷	얼음	빙	曜	빛날	요:
健	굳셀	건:	島	섬	도	寫	베낄	사	浴	목욕할	욕
建	세울	건:	都	도읍	도	思	생각	사(:)	牛	소	우
景	볕	경(:)	落	떨어질	락	査	조사할	사	雄	수컷	웅
競	다툴	경:	冷	찰	랭:	賞	상줄	상	原	언덕	원
輕	가벼울	경	量	헤아릴	량	序	차례	서:	院	집	원
固	굳을	고(:)	令	하여금	령(:)	善	착할	선:	願	원할	원:
考	생각할	고(:)	領	거느릴	령	船	배	선	位	자리	위
曲	굽을	곡	料	헤아릴	료(:)	選	가릴	선:	耳	귀	이:
橋	다리	교	馬	말	마:	示	보일	시:	因	인할	인
救	구원할	구:	末	끝	말	案	책상	안:	再	두	재:
貴	귀할	귀:	亡	망할	망	漁	고기잡을	어	災	재앙	재
規	법	규	買	살	매:	魚	고기	어	爭	다툴	쟁
給	줄	급	賣	팔	매(:)		물고기	어	貯	쌓을	저:

赤	붉을	적	鐵	쇠	철	打	칠	타:	許	허락할	허
停	머무를	정	初	처음	초	卓	높을	탁	湖	호수	호
操	잡을	조(:)	最	가장	최:	炭	숯	탄:	患	근심	환:
終	마칠	종	祝	빌	축	板	널	판	黑	검을	흑
罪	허물	죄:	致	이를	치:	敗	패할	패:			
止	그칠	지	則	법칙	칙	河	물	하			
唱	부를	창:	他	다를	타	寒	찰	한			

☑ 5급 배정한자는 모두 500자로, 5급Ⅱ 배정한자(400자)를 제외한 100자만 담았습니다. 쓰기 배정한자는 6급 300자입니다.

4급Ⅱ 배정한자(250자)

假	거짓	가:	係	맬	계:	努	힘쓸	노	斗	말	두
街	거리	가(:)	故	연고	고(:)	怒	성낼	노:	豆	콩	두
減	덜	감:	官	벼슬	관	單	홑	단	得	얻을	득
監	볼	감	句	글귀	구	斷	끊을	단:	燈	등	등
康	편안	강	求	구할(索)	구	檀	박달나무	단	羅	벌릴	라
講	욀	강:	究	연구할	구	端	끝	단	兩	두	량:
個	낱	개(:)	宮	집	궁	達	통달할	달	麗	고울	려
檢	검사할	검:	權	권세	권	擔	멜	담	連	이을	련
潔	깨끗할	결	極	다할	극	黨	무리	당	列	벌릴	렬
缺	이지러질	결		극진할	극	帶	띠	대(:)	錄	기록할	록
境	지경	경	禁	금할	금	隊	무리	대	論	논할	론
慶	경사	경:	器	그릇	기	導	인도할	도:	留	머무를	류
經	지날	경	起	일어날	기	毒	독	독	律	법칙	률
	글	경	暖	따뜻할	난:	督	감독할	독	滿	찰	만(:)
警	깨우칠	경:	難	어려울	난(:)	銅	구리	동	脈	줄기	맥

毛	터럭	모	步	걸음	보:	狀	형상	상	收	거둘	수
牧	칠(養)	목	復	회복할	복		문서	장:	純	순수할	순
務	힘쓸	무:		다시	부:	設	베풀	설	承	이을	승
武	호반	무:	副	버금	부:	城	재	성	施	베풀	시:
味	맛	미:	婦	며느리	부	星	별	성	是	이(斯)	시:
未	아닐	미(:)	富	부자	부:	盛	성할	성:		옳을	시:
密	빽빽할	밀	府	마을[宮廳]	부(:)	聖	성인	성:	視	볼	시:
博	넓을	박	佛	부처	불	聲	소리	성	試	시험	시(:)
房	방	방	備	갖출	비:	誠	정성	성	詩	시	시
訪	찾을	방:	悲	슬플	비:	勢	형세	세:	息	쉴	식
防	막을	방	非	아닐	비(:)	稅	세금	세:	申	납(猿)	신
拜	절	배:	飛	날	비	細	가늘	세:	深	깊을	심
背	등	배:	貧	가난할	빈	掃	쓸(掃除)	소(:)	眼	눈	안
配	나눌	배:	寺	절	사	笑	웃음	소:	暗	어두울	암
	짝	배:	師	스승	사	素	본디	소(:)	壓	누를	압
伐	칠(討)	벌	舍	집	사		흴(白)	소(:)	液	진	액
罰	벌할	벌	謝	사례할	사:	俗	풍속	속	羊	양	양
壁	벽	벽	殺	죽일	살	續	이을	속	如	같을	여
邊	가(側)	변		감할	쇄:	送	보낼	송:	餘	남을	여
保	지킬	보(:)		빠를	쇄:	修	닦을	수	逆	거스릴	역
報	갚을	보:	常	떳떳할	상	受	받을	수(:)	演	펼	연:
	알릴	보:	床	상	상	守	지킬	수	煙	연기	연
寶	보배	보:	想	생각	상:	授	줄	수	研	갈	연:

榮	영화	영	將	장수	장(:)	尊	높을	존	忠	충성	충
藝	재주	예:	障	막을	장	宗	마루	종	蟲	벌레	충
誤	그르칠	오:	低	낮을	저:	走	달릴	주	取	가질	취:
玉	구슬	옥	敵	대적할	적	竹	대	죽	測	헤아릴	측
往	갈	왕:	田	밭	전	準	준할	준:	治	다스릴	치
謠	노래	요	絶	끊을	절	衆	무리	중:	置	둘(措)	치:
容	얼굴	용	接	이을	접	增	더할	증	齒	이	치
員	인원	원	政	정사(政事)	정	志	뜻	지	侵	침노할	침
圓	둥글	원	程	한도	정	指	가리킬	지	快	쾌할	쾌
爲	하	위(:)		길(道)	정	支	지탱할	지	態	모습	태:
	할	위(:)	精	정할	정	至	이를	지	統	거느릴	통:
衛	지킬	위	制	절제할	제:	職	직분	직	退	물러날	퇴:
肉	고기	육	提	끌	제	眞	참	진	波	물결	파
恩	은혜	은	濟	건널	제	進	나아갈	진:	破	깨뜨릴	파:
陰	그늘	음	祭	제사	제:	次	버금	차	包	쌀(裹)	포(:)
應	응할	응:	製	지을	제:	察	살필	찰	布	베	포(:)
義	옳을	의:	除	덜	제	創	비롯할	창:		펼	포(:)
議	의논할	의(:)	際	즈음	제:	處	곳	처:		보시	보
移	옮길	이		가(邊)	제:	請	청할	청	砲	대포	포
益	더할	익	助	도울	조:	總	다(皆)	총:	暴	사나울	폭
印	도장	인	早	이를	조:	銃	총	총		모질	포
引	끌	인	造	지을	조:	築	쌓을	축	票	표	표
認	알(知)	인	鳥	새	조	蓄	모을	축	豊	풍년	풍

限	한할	한:	虛	빌	허	呼	부를	호	回	돌아올	회
港	항구	항:	驗	시험	험:	好	좋을	호:	吸	마실	흡
航	배	항:	賢	어질	현	戶	집	호:	興	일(盛)	흥(:)
解	풀	해:	血	피	혈	護	도울	호:	希	바랄	희
鄕	시골	향	協	화할	협	貨	재물	화:			
香	향기	향	惠	은혜	혜:	確	굳을	확			

☑ 4급Ⅱ 배정한자는 모두 750자로, 5급 배정한자(500자)를 제외한 250자만을 담았습니다. 쓰기 배정한자는 5급Ⅱ 400자입니다.

4급 배정한자(250자)

暇	틈	가:	居	살	거	驚	놀랄	경	管	대롱	관
	겨를	가:	巨	클	거:	季	계절	계:		주관할	관
刻	새길	각	拒	막을	거:	戒	경계할	계:	鑛	쇳돌	광:
覺	깨달을	각	據	근거	거:	系	이어맬	계:	構	얽을	구
干	방패	간	傑	뛰어날	걸	繼	이을	계:	君	임금	군
看	볼	간	儉	검소할	검:	階	섬돌	계	群	무리	군
簡	대쪽	간(:)	擊	칠(打)	격	鷄	닭	계	屈	굽힐	굴
	간략할	간(:)	激	격할	격	孤	외로울	고	窮	다할	궁
敢	감히	감:	堅	굳을	견	庫	곳집	고		궁할	궁
	구태여	감:	犬	개	견	穀	곡식	곡	券	문서	권
甘	달	감	傾	기울	경	困	곤할	곤:	勸	권할	권:
甲	갑옷	갑	更	고칠	경	骨	뼈	골	卷	책	권(:)
降	내릴	강:		다시	갱:	孔	구멍	공:	歸	돌아갈	귀:
	항복할	항	鏡	거울	경:	攻	칠(擊)	공:	均	고를	균

劇	심할	극	離	떠날	리:	祕	숨길	비:	嚴	엄할	엄
勤	부지런할	근(:)	妹	누이	매	射	쏠	사(:)	與	더불	여:
筋	힘줄	근	勉	힘쓸	면:	私	사사(私事)	사		줄	여:
奇	기특할	기	鳴	울	명	絲	실	사	域	지경	역
寄	부칠	기	模	본뜰	모	辭	말씀	사	易	바꿀	역
機	틀	기	墓	무덤	묘:	散	흩을	산:		쉬울	이:
紀	벼리	기	妙	묘할	묘:	傷	다칠	상	延	늘일	연
納	들일	납	舞	춤출	무:	象	코끼리	상	燃	탈	연
段	층계	단	拍	칠	박	宣	베풀	선	緣	인연	연
徒	무리	도	髮	터럭	발	舌	혀	설	鉛	납	연
盜	도둑	도(:)	妨	방해할	방	屬	붙일	속	映	비칠	영(:)
逃	도망할	도	犯	범할	범:	損	덜	손:	營	경영할	영
亂	어지러울	란:	範	법	범:	松	소나무	송	迎	맞을	영
卵	알	란:	辯	말씀	변:	頌	기릴	송	豫	미리	예:
覽	볼	람	普	넓을	보:		칭송할	송:	優	넉넉할	우
略	간략할	략	伏	엎드릴	복	秀	빼어날	수	遇	만날	우:
	약할	략	複	겹칠	복	叔	아재비	숙	郵	우편	우
糧	양식	량	否	아닐	부:	肅	엄숙할	숙	怨	원망할	원(:)
慮	생각할	려:	負	질(荷)	부:	崇	높을	숭	援	도울	원:
烈	매울	렬	憤	분할	분:	氏	각시	씨	源	근원	원
龍	용	룡	粉	가루	분(:)		성씨(姓氏)	씨	危	위태할	위
柳	버들	류(:)	批	비평할	비:	額	이마	액	圍	에워쌀	위
輪	바퀴	륜	碑	비석	비	樣	모양	양	委	맡길	위

威	위엄	위	底	밑	저:	從	좇을	종(:)	推	밀	추
慰	위로할	위	積	쌓을	적	鍾	쇠북	종	縮	줄일	축
乳	젖	유	籍	문서	적	座	자리	좌:	就	나아갈	취:
儒	선비	유	績	길쌈	적	周	두루	주	趣	뜻	취:
遊	놀	유	賊	도둑	적	朱	붉을	주	層	층(層階)	층
遺	남길	유	適	맞을	적	酒	술	주(:)	寢	잘	침:
隱	숨을	은	專	오로지	전	證	증거	증	針	바늘	침(:)
依	의지할	의	轉	구를	전:	持	가질	지	稱	일컬을	칭
儀	거동	의	錢	돈	전:	智	슬기	지	彈	탄알	탄:
疑	의심할	의	折	꺾을	절		지혜	지	歎	탄식할	탄:
異	다를	이:	占	점령할	점:	誌	기록할	지	脫	벗을	탈
仁	어질	인		점칠	점	織	짤	직	探	찾을	탐
姉	손윗누이	자	點	점	점(:)	珍	보배	진	擇	가릴	택
姿	모양	자:	丁	고무래	정	盡	다할	진:	討	칠	토(:)
資	재물	자		장정	정	陣	진칠	진	痛	아플	통:
殘	남을	잔	整	가지런할	정:	差	다를	차	投	던질	투
雜	섞일	잡	靜	고요할	정	讚	기릴	찬:	鬪	싸움	투
壯	장할	장:	帝	임금	제:	採	캘	채:	派	갈래	파
帳	장막	장	條	가지	조	冊	책	책	判	판단할	판
張	베풀	장	潮	밀물	조	泉	샘	천	篇	책	편
腸	창자	장		조수	조	廳	관청	청	評	평할	평:
裝	꾸밀	장	組	짤	조	聽	들을	청	閉	닫을	폐:
獎	장려할	장(:)	存	있을	존	招	부를	초	胞	세포	포(:)

爆	불터질	폭	核	씨	핵	婚	혼인할	혼	灰	재	회
標	표할	표	憲	법	헌:	混	섞을	혼:	候	기후	후:
疲	피곤할	피	險	험할	험:	紅	붉을	홍	厚	두터울	후:
避	피할	피:	革	가죽	혁	華	빛날	화	揮	휘두를	휘
恨	한(怨)	한:	顯	나타날	현:	歡	기쁠	환	喜	기쁠	희
閑	한가할	한	刑	형벌	형	環	고리	환(:)			
抗	겨룰	항:	或	혹	혹	況	상황	황:			

☑ 4급 배정한자는 모두 1,000자로 4급Ⅱ 배정한자(750자)를 제외한 250자만을 담았습니다. 쓰기 배정한자는 5급 500자입니다.

사자성어(四字成語)

8급 사자성어

國 民 年 金	일정 기간 또는 죽을 때까지 해마다 지급되는 일정액의 돈 (국민연금)
나라 국 백성 민 해 년 쇠 금	

父 母 兄 弟	아버지·어머니·형·아우 라는 뜻으로, 가족을 이르는 말
아비 부 어미 모 형 형 아우 제	

生 年 月 日	태어난 해와 달과 날
날 생 해 년 달 월 날 일	

大 韓 民 國	우리나라의 국호(나라이름)
큰 대 한나라 한 백성 민 나라 국	

三 三 五 五	서너 사람 또는 대여섯 사람 이 떼를 지어 다니거나 무슨 일을 함
석 삼 석 삼 다섯 오 다섯 오	

十 中 八 九	열 가운데 여덟이나 아홉 정도 로 거의 대부분이거나 거의 틀림 없음
열 십 가운데 중 여덟 팔 아홉 구	

東 西 南 北	동쪽·서쪽·남쪽·북쪽이 라는 뜻으로, 모든 방향을 이르는 말
동녘 동 서녘 서 남녘 남 북녘 북	

7급 II 사자성어

南 男 北 女	우리나라에서, 남자는 남쪽 지방 사람이 잘나고 여자는 북쪽 지방 사람이 고움을 이르는 말
남녘 남 사내 남 북녘 북 계집 녀	

上 下 左 右	위·아래·왼쪽·오른쪽을 이르는 말로, 모든 방향을 이름
윗 상 아래 하 왼 좌 오른 우	

土 木 工 事	땅과 하천 따위를 고쳐 만드는 공사
흙 토 나무 목 장인 공 일 사	

四 方 八 方	여기저기 모든 방향이나 방면
넉 사 모 방 여덟 팔 모 방	

世 上 萬 事	세상에서 일어나는 온갖 일
인간 세 윗 상 일만 만 일 사	

八 道 江 山	팔도의 강산이라는 뜻으로, 우리나라 전체의 강산을 이르 는 말
여덟 팔 길 도 강 강 메 산	

四 海 兄 弟	온 세상 사람이 모두 형제와 같다는 뜻으로, 친밀함을 이르는 말
넉 사 바다 해 형 형 아우 제	

人 山 人 海	사람이 수없이 많이 모인 상태 를 이르는 말
사람 인 메 산 사람 인 바다 해	

7급 사자성어

男 女 老 少	남자와 여자, 나이 든 사람과 젊은 사람이란 뜻으로 모든 사람을 이르는 말 (남녀노소)
사내 남 계집 녀 늙을 로 적을 소	

百 萬 大 軍	아주 많은 병사로 조직된 군대를 이르는 말
일백 백 일만 만 큰 대 군사 군	

月 下 老 人	부부의 인연을 맺어 준다는 전설상의 노인 (월하노인)
달 월 아래 하 늙을 로 사람 인	

男 中 一 色	남자의 얼굴이 썩 뛰어나게 잘 생김
사내 남 가운데 중 한 일 빛 색	

不 老 長 生	늙지 아니하고 오래 삶
아닐 불 늙을 로 긴 장 날 생	

二 八 青 春	16세 무렵의 꽃다운 청춘
두 이 여덟 팔 푸를 청 봄 춘	

東 問 西 答	물음과는 전혀 상관없는 엉뚱한 대답
동녘 동 물을 문 서녘 서 대답 답	

不 立 文 字	불도의 깨달음은 마음에서 마음으로 전하는 것이므로 말이나 글에 의지하지 않는다는 말
아닐 불 설 립 글월 문 글자 자	

一 問 一 答	한 번 물음에 한 번 대답함
한 일 물을 문 한 일 대답 답	

萬 里 長 天	아득히 높고 먼 하늘
일만 만 마을 리 긴 장 하늘 천	

山 川 草 木	산과 내와 풀과 나무, 곧 자연 을 이르는 말
메 산 내 천 풀 초 나무 목	

一 日 三 秋	하루가 삼 년 같다는 뜻으로, 몹시 애태우며 기다림을 이르 는 말
한 일 날 일 석 삼 가을 추	

名 山 大 川	이름난 산과 큰 내
이름 명 메 산 큰 대 내 천	

安 心 立 命	하찮은 일에 흔들리지 않는 경지 (안심입명)
편안 안 마음 심 설 립 목숨 명	

自 問 自 答	스스로 묻고 스스로 대답함
스스로 자 물을 문 스스로 자 대답 답	

自 生 植 物 스스로자 날생 심을식 물건물	산이나 들, 강이나 바다에서 저절로 나는 식물
地 上 天 國 따지 윗상 하늘천 나라국	이 세상에서 이룩되는 다시 없 이 자유롭고 풍족하며 행복한 사회
草 食 動 物 풀초 먹을식 움직일동 물건물	풀을 주로 먹고 사는 동물
全 心 全 力 온전전 마음심 온전전 힘력	온 마음과 온 힘
青 天 白 日 푸를청 하늘천 흰백 날일	하늘이 맑게 갠 대낮
春 夏 秋 冬 봄춘 여름하 가을추 겨울동	봄·여름·가을·겨울의 사계절

6급 Ⅱ 사자성어

家 內 工 業 집가 안내 장인공 업업	집안에서 단순한 기술과 도구 로써 작은 규모로 생산하는 수 공업
百 發 百 中 일백백 필발 일백백 가운데중	백 번 쏘아 백 번 맞힌다는 뜻 으로, 총이나 활 따위를 쏠 때 마다 겨눈 곳에 다 맞음을 이르는 말
一 心 同 體 한일 마음심 한가지동 몸체	한마음 한 몸이라는 뜻으로, 서로 굳게 결합함을 이르는 말
家 庭 教 育 집가 뜰정 가르칠교 기를육	가정의 일상생활 가운데 집안 어른들이 자녀들에게 주는 영 향이나 가르침	四 面 春 風 넉사 낯면 봄춘 바람풍	누구에게나 좋게 대하는 일	一 日 三 省 한일 날일 석삼 살필성	하루에 세 가지 일로 자신을 되 돌아보고 살핌
各 人 各 色 각각각 사람인 각각각 빛색	사람마다 각기 다름	山 戰 水 戰 메산 싸움전 물수 싸움전	세상의 온갖 고생과 어려움을 다 겪었음을 이르는 말	一 長 一 短 한일 긴장 한일 짧을단	일면의 장점과 다른 일면의 단 점을 통틀어 이르는 말
各 自 圖 生 각각각 스스로자 그림도 날생	제각기 살아 나갈 방법을 꾀함	三 十 六 計 석삼 열십 여섯륙 셀계	서른여섯 가지의 꾀, 많은 모계 (謀計)의 이름 (삼십육계)	自 手 成 家 스스로자 손수 이룰성 집가	물려받은 재산이 없이 자기 혼 자의 힘으로 집안을 일으키고 재산을 모음
高 等 動 物 높을고 무리등 움직일동 물건물	복잡한 체제를 갖춘 동물	世 界 平 和 인간세 지경계 평평할평 화할화	전 세계가 평온하고 화목함	天 下 第 一 하늘천 아래하 차례제 한일	세상에 견줄 만한 것이 없이 최 고임
公 明 正 大 공평할공 밝을명 바를정 큰대	하는 일이나 행동이 사사로움 이 없이 떳떳하고 바름	時 間 問 題 때시 사이간 물을문 제목제	이미 결과가 뻔하여 조만간 저 절로 해결될 문제	清 風 明 月 맑을청 바람풍 밝을명 달월	맑은 바람과 밝은 달
大 明 天 地 큰대 밝을명 하늘천 따지	아주 환하게 밝은 세상	市 民 社 會 저자시 백성민 모일사 모일회	신분적 구속에 지배되지 않으 며, 자유롭고 평등한 개인의 이 성적 결합으로 이루어진 사회	下 等 動 物 아래하 무리등 움직일동 물건물	진화 정도가 낮아 몸의 구조가 단순한 원시적인 동물
門 前 成 市 문문 앞전 이룰성 저자시	찾아오는 사람이 많아 집 문 앞 이 시장을 이루다시피 함을 이 르는 말	樂 山 樂 水 좋아할요 메산 좋아할요 물수	산과 물을 좋아한다는 것으로 즉 자연을 좋아함	形 形 色 色 모양형 모양형 빛색 빛색	상과 빛깔 따위가 서로 다른 여러 가지
百 年 大 計 일백백 해년 큰대 셀계	먼 앞날까지 미리 내다보고 세 우는 크고 중요한 계획	人 事 不 省 사람인 일사 아닐불 살필성	제 몸에 벌어지는 일을 모를 만 큼 정신을 잃은 상태		
白 面 書 生 흰백 낯면 글서 날생	한갓 글만 읽고 세상일에는 전혀 경험이 없는 사람	人 海 戰 術 사람인 바다해 싸움전 재주술	우수한 화기보다 다수의 병력 을 투입하여 적을 압도하는 전술		

25

6급 사자성어

高 速 道 路 높을 고 빠를 속 길 도 길 로 차의 빠른 통행을 위하여 만든 차전용의 도로	**百 戰 百 勝** 일백 백 싸움 전 일백 백 이길 승 싸울 때마다 다 이김	**一 朝 一 夕** 한 일 아침 조 한 일 저녁 석 하루 아침과 하루 저녁이라는 뜻으로, 짧은 시일을 이르는 말
交 通 信 號 사귈 교 통할 통 믿을 신 이름 호 교차로나 횡단보도, 건널목 따위에서 사람이나 차량이 질서 있게 길을 가도록 하는 기호나 등화(燈火)	**別 有 天 地** 다를 별 있을 유 하늘 천 따 지 별세계, 딴 세상	**子 孫 萬 代** 아들 자 손자 손 일만 만 대신 대 오래도록 내려오는 여러 대
九 死 一 生 아홉 구 죽을 사 한 일 날 생 아홉 번 죽을 뻔하다 한 번 살아난다는 뜻으로, 죽을 고비를 여러 차례 넘기고 겨우 살아남을 이르는 말	**不 遠 千 里** 아닐 불 멀 원 일천 천 마을 리 천리를 멀다 여기지 아니함	**自 由 自 在** 스스로 자 말미암을 유 스스로 자 있을 재 거침없이 자기 마음대로 할 수 있음
男 女 有 別 사내 남 계집 녀 있을 유 다를 별 남자와 여자 사이에 분별이 있어야 함을 이르는 말	**父 子 有 親** 아비 부 아들 자 있을 유 친할 친 아버지와 아들 사이의 도리는 친애에 있음을 이름	**作 心 三 日** 지을 작 마음 심 석 삼 날 일 단단히 먹은 마음이 사흘이 가지 못한다는 뜻으로, 결심이 굳지 못함을 이르는 말
代 代 孫 孫 대신 대 대신 대 손자 손 손자 손 오래도록 내려오는 여러 대	**生 老 病 死** 날 생 늙을 로 병 병 죽을 사 사람이 나고 늙고 병들고 죽는 네 가지 고통	**電 光 石 火** 번개 전 빛 광 돌 석 불 화 번갯불이나 부싯돌의 불이 번쩍거리는 것과 같이 매우 짧은 시간이나 매우 재빠른 움직임 따위를 비유적으로 이르는 말
同 苦 同 樂 한가지 동 쓸 고 한가지 공 즐거울 락 괴로움과 즐거움을 함께 함	**生 死 苦 樂** 날 생 죽을 사 쓸 고 즐거울 락 삶과 죽음, 괴로움과 즐거움을 통틀어 이르는 말	**晝 夜 長 川** 낮 주 밤 야 긴 장 내 천 밤낮으로 쉬지 아니하고 연달아
同 生 共 死 한가지 동 날 생 한가지 공 죽을 사 서로 같이 살고 같이 죽음	**新 聞 記 者** 새 신 들을 문 기록할 기 놈 자 신문에 실을 자료를 수집, 취재, 집필, 편집하는 사람	**千 萬 多 幸** 일천 천 일만 만 많을 다 다행 행 아주 다행함
東 西 古 今 동녘 동 서녘 서 예 고 이제 금 동양과 서양, 옛날과 지금을 통틀어 이르는 말	**愛 國 愛 族** 사랑 애 나라 국 사랑 애 겨레 족 나라와 민족을 아낌	**草 綠 同 色** 풀 초 푸를 록 한가지 동 빛 색 이름이 다르나 따지고 보면 한 가지 것이라는 말
同 姓 同 本 한가지 동 성 성 한가지 동 근본 본 성(姓)과 본관이 모두 같음	**野 生 動 物** 들 야 날 생 움직일 동 물건 물 산이나 들에서 저절로 나서 자라는 동물	**特 別 活 動** 특별할 특 다를 별 살 활 움직일 동 학교 교육 과정에서 교과 학습 이외의 교육활동
同 時 多 發 한가지 동 때 시 많을 다 필 발 연이어 일이 발생함	**年 中 行 事** 해 년 가운데 중 다닐 행 일 사 해마다 일정한 시기를 정하여 놓고 하는 행사 (연중행사)	**八 方 美 人** 여덟 팔 모 방 아름다울 미 사람 인 어느 모로 보나 아름다운 사람이라는 뜻으로, 여러 방면에 능통한 사람
萬 國 信 號 일만 만 나라 국 믿을 신 이름 호 배와 배 사이 또는 배와 육지 사이의 연락을 위하여 국제적으로 쓰는 신호	**英 才 敎 育** 꽃부리 영 재주 재 가르침 교 기를 육 천재아의 재능을 훌륭하게 발전시키기 위한 특수교육	**行 方 不 明** 다닐 행 모 방 아닐 불 밝을 명 간 곳이나 방향을 모름
百 萬 長 者 일백 백 일만 만 긴 장 놈 자 재산이 매우 많은 사람 또는 아주 큰 부자	**人 命 在 天** 사람 인 목숨 명 있을 재 하늘 천 사람의 목숨은 하늘에 달려 있다는 말	**花 朝 月 夕** 꽃 화 아침 조 달 월 저녁 석 꽃 피는 아침과 달 밝은 밤이라는 뜻으로, 경치가 좋은 시절을 이르는 말
白 衣 民 族 흰 백 옷 의 백성 민 겨레 족 흰옷을 입은 민족이라는 뜻으로, '한민족'을 이르는 말	**一 口 二 言** 한 일 입 구 두 이 말씀 언 한 입으로 두 말을 한다는 뜻으로, 한 가지 일에 대하여 말을 이랬다 저랬다 함을 이르는 말	**訓 民 正 音** 가르칠 훈 백성 민 바를 정 소리 음 백성을 가르치는 바른 소리라는 뜻으로, 1443년에 세종대왕이 창제한 우리나라 글자를 이르는 말

5급 II 사자성어

見物生心
불 견 물건 물 날 생 마음 심
물건을 보면 그 물건을 가지고 싶은 생각이 듦

聞一知十
들을 문 한 일 알 지 열 십
하나를 들으면 열을 앎

雨順風調
비 우 순할 순 바람 풍 고를 조
비가 오고 바람이 부는 것이 때와 분량이 알맞음

決死反對
결단할 결 죽을 사 돌이킬 반 대할 대
죽기를 각오하고 있는 힘을 다하여 반대함

奉仕活動
받들 봉 버슬할 사 살 활 움직일 동
국가나 사회 또는 남을 위하여 자신을 돌보지 아니하고 힘을 바쳐 애씀

以實直告
써 이 열매 실 곧을 직 알릴 고
사실 그대로 고함

敬老孝親
공경 경 늙을 로 효도 효 친할 친
어른을 공경하고 부모에게 효도함

父傳子傳
아비 부 전할 전 아들 자 전할 전
아버지가 아들에게 대대로 전함

以心傳心
써 이 마음 심 전할 전 마음 심
마음에서 마음으로 뜻을 전함

敬天愛人
공경 경 하늘 천 사랑 애 사람 인
하늘을 공경하고 사람을 사랑함

北窓三友
북녘 북 창 창 석 삼 벗 우
거문고, 술, 시를 아울러 이르는 말

人相着衣
사람 인 서로 상 붙을 착 옷 의
사람의 생김새와 옷차림

教學相長
가르칠 교 배울 학 서로 상 긴 장
남을 가르치는 일과 스승에게서 배우는 일이 서로 도와서 자기의 학문을 길러 줌

士農工商
선비 사 농사 농 장인 공 헤아릴 상
예전에 백성을 나누던 네 가지 계급. 선비, 농부, 공장(工匠), 상인을 이르던 말

自古以來
스스로 자 옛 고 써 이 올 래
예로부터 지금까지의 과정

能小能大
능할 능 작을 소 능할 능 큰 대
작은 일에도 능하고 큰 일에도 능하다는 데서 모든 일에 두루 능함을 이르는 말

事親以孝
일 사 친할 친 써 이 효도 효
어버이를 섬기기를 효도로써 함을 이름

全知全能
온전 전 알 지 온전 전 능할 능
어떠한 사물이라도 잘 알고, 모든 일을 다 수행할 수 있는 신불(神佛)의 능력

多才多能
많을 다 재주 재 많을 다 능할 능
재능이 많다는 말

生面不知
날 생 낯 면 아닌가 부 알 지
서로 한 번도 만난 적이 없어서 전혀 알지 못하는 사람

主客一體
주인 주 손 객 한 일 몸 체
주인과 손이 한 몸이라는 데서, 나와 나 밖의 대상이 하나가 됨을 말함

多情多感
많을 다 뜻 정 많을 다 느낄 감
감수성이 예민하고 느끼는 바가 많음

速戰速決
빠를 속 싸울 전 빠를 속 터질 결
싸움을 오래 끌지 아니하고 빨리 몰아쳐 이기고 짐을 결정함

知行合一
알 지 ·다닐 행 합할 합 한 일
지식과 행동이 서로 맞음

大同團結
큰 대 한가지 동 둥글 단 맺을 결
여러 집단이나 사람이 어떤 목적을 이루려고 크게 한 덩어리로 뭉침

十年知己
열 십 해 년 알 지 자기 기
오래전부터 친히 사귀어 잘 아는 사람

青山流水
푸를 청 메 산 흐를 류 물 수
푸른 산에 맑은 물이라는 뜻으로, 막힘없이 썩 잘하는 말을 비유적으로 이르는 말 (청산유수)

大書特筆
큰 대 글 서 특별할 특 붓 필
신문 따위의 출판물에서 어떤 기사에 큰 비중을 두어 다룸을 이르는 말

安分知足
편안할 안 나눌 분 알 지 발 족
제 분수를 지키고 만족할 줄을 앎

風待歲月
바람 풍 기다릴 대 해 세 달 월
아무리 바라고 기다려도 실현될 가능성이 없는

同化作用
한가지 동 될 화 지을 작 쓸 용
외부에서 섭취한 에너지원을 자체의 고유한 성분으로 변화시키는 일

良藥苦口
좋을 량 약 약 쓸 고 입 구
좋은 약은 입에 쓰나 병에 이롭다는 뜻으로 충언(忠言)은 귀에 거슬리나 자신에게 이로움을 이르는 말 (양약고구)

萬古不變
일만 만 예 고 아닐 불 변할 변
오랜 세월을 두고 변하지 않음

語不成說
말씀 어 아닐 불 이룰 성 말씀 설
말이 조금도 이치에 맞지 않음을 말함

사자성어(四字成語)

5급 사자성어

去者必反
갈 거　놈 자　반드시 필　되돌릴 반
떠난 자는 반드시 돌아옴

思考方式
생각할 사　상고할 고　모 방　법 식
어떤 문제에 대해 생각하고 궁리하는 방법이나 태도

自給自足
스스로 자　줄 급　스스로 자　발 족
필요한 물자를 스스로 생산하여 충당함

格物致知
격식 격　물건 물　이를 치　알 지
사물의 이치를 연구하여 자기의 지식을 확고하게 함

事事件件
일 사　일 사　사건 건　사건 건
해당되는 모든 일 또는 온갖 사건

前無後無
앞 전　없을 무　뒤 후　없을 무
전에도 없었고 후에도 없음

過失相規
지날 과　잃을 실　서로 상　법 규
나쁜 행실을 하지 못하도록 서로 규제함

事實無根
일 사　열매 실　없을 무　뿌리 근
근거가 없음 또는 터무니없음

戰爭英雄
싸움 전　다툴 쟁　꽃부리 영　수컷 웅
전쟁에 뛰어나고 용맹하여 보통 사람이 하기 어려운 일을 해내는 사람

今始初聞
이제 금　때 시　처음 초　들을 문
이제야 비로소 처음으로 들음

三寒四溫
석 삼　찰 한　넉 사　따뜻할 온
7일을 주기로 사흘 동안 춥고 나흘 동안 따뜻함

朝變夕改
아침 조　변할 변　저녁 석　고칠 개
아침저녁으로 뜯어 고침, 곧 일을 자주 뜯어고침

落木寒天
떨어질 락　나무 목　찰 한　하늘 천
낙엽 진 나무와 차가운 하늘, 곧 추운 겨울철 (낙목한천)

善男善女
착할 선　사내 남　착할 선　계집 녀
성품이 착한 남자와 여자란 뜻으로, 착하고 어진 사람들을 이르는 말

知過必改
알 지　지날 과　반드시 필　고칠 개
자신이 한 일의 잘못을 알면 반드시 고쳐야 함

落花流水
떨어질 락　꽃 화　흐를 류　물 수
꽃과 흐르는 물, 가는 봄의 경치, 남녀 사이에 서로 그리는 정이 있다는 비유로도 쓰임 (낙화유수)

善人善果
착할 선　사람 인　착할 선　실과 과
선업을 쌓으면 반드시 좋은 과보가 따름

天災地變
하늘 천　재앙 재　따 지　변할 변
지진, 홍수, 태풍 따위의 자연 현상으로 인한 재앙

馬耳東風
말 마　귀 이　동녘 동　바람 풍
남의 말을 귀담아 듣지 않고 흘려 버림

言文一致
말씀 언　글월 문　한 일　이를 치
실제로 쓰는 말과 그 말을 적은 글이 일치함

秋風落葉
가을 추　바람 풍　떨어질 락　잎 엽
가을바람에 흩어져 떨어지는 낙엽, 세력 같은 것이 일순간에 실추됨을 비유함 (추풍낙엽)

無男獨女
없을 무　사내 남　홀로 독　계집 녀
아들이 없는 집안의 외동딸

言行一致
말씀 언　다닐 행　한 일　이를 치
말과 행동이 서로 같음

敗家亡身
패할 패　집 가　망할 망　몸 신
집안의 재산을 다 써 없애고 몸을 망침

無不通知
없을 무　아닐 불　통할 통　알 지
무엇이든지 환히 통하여 모르는 것이 없음

勇氣百倍
날랠 용　기운 기　일백 백　곱 배
격려나 응원 따위에 자극을 받아 힘이나 용기를 더 냄

海水浴場
바다 해　물 수　목욕할 욕　마당 장
해수욕을 할 수 있는 환경과 시설이 갖추어진 바닷가

百年河淸
일백 백　해 년　강이름 하　맑을 청
아무리 오래 기다려도 어떤 일이 이루어지기 어려움을 이름

有口無言
있을 유　입 구　없을 무　말씀 언
입은 있으나 말이 없다는 뜻으로, 변명할 말이 없거나 변명을 하지 못함을 이름

行動擧止
갈 행　움직일 동　들 거　발 지
몸을 움직여 하는 모든 짓

不問可知
아닐 불　물을 문　옳을 가　알 지
묻지 않아도 알 수 있음

有名無實
있을 유　이름 명　없을 무　열매 실
명목만 있고 실상은 없음

凶惡無道
흉할 흉　악할 악　없을 무　길 도
성질이 거칠고 사나우며 도의심이 없음

不問曲直
아닐 불　물을 문　굽을 곡　곧을 직
옳고 그른 것을 묻지 않고 다짜고짜로

耳目口鼻
귀 이　눈 목　입 구　코 비
귀·눈·입·코를 아울러 이르는 말

氷山一角
얼음 빙　뫼 산　한 일　뿔 각
아주 많은 것 중에 조그마한 부분

一字無識
한 일　글자 자　없을 무　알 식
글자를 한 자도 모를 정도로 무식함

4급 Ⅱ 사자성어

家 家 戶 戶 집 가　집 가　집 호　집 호	집집마다
角 者 無 齒 뿔 각　사람 자　없을 무　이 치	뿔이 있는 짐승은 이가 없다는 뜻으로, 한 사람이 여러 가지 재주나 복을 다 가질 수 없다는 말
江 湖 煙 波 강 강　호수 호　연기 연　물결 파	강이나 호수 위에 안개처럼 뽀얗게 이는 기운
見 利 思 義 볼 견　이할 리　생각 사　옳을 의	눈 앞에 이익이 보일 때 의리를 먼저 생각함
結 草 報 恩 맺을 결　풀 초　갚을 보　은혜 은	죽은 뒤에라도 은혜를 잊지 않고 갚음을 이르는 말
經 世 濟 民 날 경　대 세　건널 제　백성 민	세상을 다스리고 백성을 구함
空 前 絕 後 빌 공　앞 전　끊을 절　뒤 후	전에도 없었고 앞으로도 없을 일
九 牛 一 毛 아홉 구　소 우　한 일　털 모	매우 많은 것 가운데 극히 적은 수를 이르는 말
權 不 十 年 권세 권　아닐 불　열 십　해 년	권세가 10년을 가지 못함
極 惡 無 道 다할 극　악할 악　없을 무　길 도	지극히 악하고도 도의심이 없음
起 死 回 生 일어날 기　죽을 사　돌아올 회　날 생	죽을 뻔하다가 다시 살아남
難 兄 難 弟 어려울 난　형 형　어려울 난　아우 제	두 사물이 비슷하여 낫고 못함을 정하기 어려움을 이르는 말
怒 發 大 發 성낼 노　쏠 발　큰 대　쏠 발	크게 성을 냄

論 功 行 賞 논할 론　공 공　다닐 행　상줄 상	세운 공을 논정하여 상을 줌 (논공행상)
多 多 益 善 많을 다　많을 다　더할 익　착할 선	많으면 많을수록 더욱 좋음
多 聞 博 識 많을 다　들을 문　넓을 박　알 식	견문이 넓고 학식이 많음
大 義 名 分 큰 대　옳을 의　이름 명　나눌 분	사람으로서 마땅히 지키고 행하여야 할 도리나 본분
獨 不 將 軍 홀로 독　아닐 불　장수 장　군사 군	남의 의견을 무시하고 저 혼자 모든 일을 처리함
得 意 滿 面 얻을 득　뜻 의　찰 만　낯 면	일이 뜻대로 이루어져 기쁜 표정이 얼굴에 가득함
燈 下 不 明 등 등　아래 하　아닐 불　밝을 명	등잔 밑이 어둡다는 뜻으로 가까이 있는 것이 오히려 알아내기가 어려움을 이르는 말
燈 火 可 親 등 등　불 화　옳을 가　친할 친	서늘한 가을 밤은 등불을 가까이 하여 글 읽기에 좋음을 이르는 말
無 所 不 爲 없을 무　바 소　아닐 불　할 위	하지 못하는 일이 없음
文 房 四 友 글월 문　방 방　넉 사　벗 우	종이, 붓, 먹, 벼루의 네 가지 문방구
美 風 良 俗 아름다울 미　바람 풍　어질 량　풍속 속	아름답고 좋은 풍속이나 기풍 (미풍양속)
博 學 多 識 넓을 박　배울 학　많을 다　알 식	학식이 넓고 아는 것이 많음
百 戰 老 將 일백 백　싸움 전　늙을 로　장수 장	수많은 싸움을 치른 노련한 장수, 세상의 온갖 풍파를 다 겪은 사람을 비유(백전노장)

百 害 無 益 일백 백　해할 해　없을 무　더할 익	해롭기만 하고 조금도 이로울 것이 없음
富 貴 在 天 부자 부　귀할 귀　있을 재　하늘 천	부귀는 하늘에 달려 있어서 인력으로는 어찌할 수 없다는 뜻
夫 婦 有 別 지아비 부　며느리 부　있을 유　다를 별	남편과 아내 사이의 도리는 서로 침범하지 않음에 있음
非 一 非 再 아닐 비　한 일　아닐 비　두 재	같은 현상이나 일이 한두 번이나 한둘이 아니고 많음
貧 者 一 燈 가난할 빈　놈 자　한 일　등잔 등	가난한 사람의 등 하나가 부자의 많은 등보다 더 소중함을 이름
死 生 決 斷 죽을 사　날 생　결단할 결　끊을 단	죽음을 각오하고 대들어 끝장냄
四 通 五 達 넉 사　통할 통　다섯 오　통달할 달	길이나 교통망, 통신망 등이 사방으로 막힘없이 통함
生 不 如 死 살 생　아닐 불　같을 여　죽을 사	삶이 죽음만 같지 못하다는 말로, 매우 곤경에 처해 있음을 알리는 말
說 往 說 來 말씀 설　갈 왕　말씀 설　올 래	서로 자신의 주장을 내세우며 옥신각신하는 것을 말함
歲 時 風 俗 해 세　때 시　바람 풍　풍속 속	예로부터 해마다 관례로서 행하여지는 전승적 행사
是 是 非 非 옳을 시　옳을 시　아닐 비　아닐 비	여러 가지 잘잘못
始 終 如 一 비로소 시　마칠 종　같을 여　한 일	처음부터 끝까지 한결 같아서 변함 없음
信 賞 必 罰 믿을 신　상줄 상　반드시 필　벌할 벌	상과 벌을 공정하게 하는 일을 이르는 말

實 事 求 是	사실에 토대를 두어 진리를 탐구하는 일
열매 실 일 사 구할 구 이 시	

二 律 背 反	서로 모습이 양립할 수 없는 두 개의 명제 (이율배반)
두 이 법칙 률 등 배 돌이킬 반	

種 豆 得 豆	콩 심은데 콩 난다는 말
씨 종 콩 두 얻을 득 콩 두	

安 貧 樂 道	가난한 생활을 하면서도 편안한 마음으로 도를 즐겨 지킴 (안빈낙도)
편안 안 가난할 빈 즐거울 락 길 도	

因 果 應 報	좋은 일에는 좋은 결과가, 나쁜 일에는 나쁜 결과가 따름
인할 인 실과 과 응할 응 갚을 보	

竹 馬 故 友	대말을 타고 놀던 벗이라는 뜻으로, 어릴 때부터 같이 놀며 자란 벗
대나무 죽 말 마 연고 고 벗 우	

眼 下 無 人	눈 아래에 사람이 없다는 뜻으로, 방자하고 교만하여 다른 사람을 업신여김을 이르는 말
눈 안 아래 하 없을 무 사람 인	

人 死 留 名	사람은 죽어서 이름을 남긴다는 말 (인사유명)
사람 인 죽을 사 머무를 류 이름 명	

衆 口 難 防	뭇사람의 말을 막기가 어렵다는 뜻으로, 막기 어려울 정도로 여럿이 마구 지껄임을 이르는 말
무리 중 입 구 어려울 난 막을 방	

弱 肉 強 食	약한 놈이 강한 놈에게 먹힘
약할 약 고기 육 강할 강 억을 식	

人 生 無 常	인생이 덧없음
사람 인 날 생 없을 무 떳떳할 상	

至 誠 感 天	지극한 정성에 하늘이 감동함
이를 지 정성 성 느낄 감 하늘 천	

魚 東 肉 西	제사음식을 차릴 때, 생선은 동쪽에 고기는 서쪽에 놓는 것
물고기 어 동녘 동 고기 육 서녘 서	

一 擧 兩 得	한 가지 일을 하여 두 가지 이익을 얻음 (일거양득)
한 일 들 거 두 량 얻을 득	

進 退 兩 難	이러지도 저러지도 못하는 어려운 처지 (진퇴양난)
나아갈 진 물러날 퇴 두 량 어려울 난	

言 語 道 斷	말할 길이 끊어졌다는 뜻으로, 어이가 없어서 말하려 해도 말할 수 없음을 이르는 말
말씀 언 말씀 어 길 도 끊을 단	

一 脈 相 通	하나의 맥락으로 서로 통한다는 데서 솜씨나 성격 등이 서로 비슷함을 말함
한 일 줄기 맥 서로 상 통할 통	

天 人 共 怒	하늘과 사람이 함께 노한다는 뜻으로, 누구나 분노할 만큼 증오스럽거나 도저히 용납할 수 없음을 이르는 말
하늘 천 사람 인 한가지 공 성낼 노	

如 出 一 口	여러 사람의 말이 한결같이 같음
같을 여 날 출 한 일 입 구	

一 石 二 鳥	돌 한 개를 던져 새 두 마리를 잡는다는 뜻으로, 동시에 두 가지 이득을 봄을 이르는 말
한 일 돌 석 두 이 새 조	

寸 鐵 殺 人	간단한 말로도 남을 감동시키거나 남의 약점을 찌를 수 있음을 이르는 말
마디 촌 쇠 철 죽일 살 사람 인	

連 戰 連 勝	싸울 때마다 계속하여 이김 (연전연승)
이을 련 싸움 전 이을 련 이길 승	

一 言 半 句	한 마디의 말과 한 구의 반, 아주 짧은 말이나 글귀
한 일 말씀 언 반 반 글귀 구	

出 將 入 相	문무를 겸비하여 장상의 벼슬을 모두 지낸 사람
날 출 장수 장 들 입 서로 상	

溫 故 知 新	옛것을 익히고 그것을 미루어서 새것을 앎
따뜻할 온 연고 고 알 지 새 신	

一 依 帶 水	한 줄기 좁은 강물이나 바닷물
한 일 의지할 의 띠 대 물 수	

忠 言 逆 耳	충직한 말은 귀에 거슬림
충성 충 말씀 언 거스릴 역 귀 이	

右 往 左 往	이리저리 왔다 갔다 하며 일이 나아가는 방향을 종잡지 못함
오른 우 갈 왕 왼 좌 갈 왕	

一 波 萬 波	하나의 물결이 수많은 물결이 된다는 데서, 하나의 사건이 여러 가지로 자꾸 확대되는 것을 말함
한 일 물결 파 일만 만 물결 파	

卓 上 空 論	현실성이 없는 허황한 이론이나 논의
높을 탁 윗 상 빌 공 논할 론	

牛 耳 讀 經	쇠귀에 경 읽기라는 뜻으로, 아무리 가르치고 일러 주어도 알아듣지 못함을 이르는 말
소 우 귀 이 읽을 독 글 경	

自 強 不 息	스스로 힘써 몸과 마음을 가다듬어 쉬지 아니함
스스로 자 강할 강 아닐 불 쉴 식	

風 前 燈 火	사물이 매우 위태로운 처지에 놓여 있음을 비유적으로 이르는 말
바람 풍 앞 전 등 등 불 화	

月 態 花 容	아름다운 여인의 얼굴과 맵시를 이르는 말
달 월 모습 태 꽃 화 얼굴 용	

自 業 自 得	자기가 저지른 일의 결과를 자기가 받음
스스로 자 업 업 스스로 자 얻을 득	

好 衣 好 食	좋은 옷과 맛있는 음식이란 뜻에서 잘 입고 잘 먹는 것을 말함
좋을 호 옷 의 좋을 호 먹을 식	

有 備 無 患	미리 준비가 되어 있으면 걱정할 것이 없음
있을 유 갖출 비 없을 무 근심 환	

自 初 至 終	처음부터 끝까지의 과정
스스로 자 처음 초 이를 지 끝날 종	

呼 兄 呼 弟	서로 형이니 아우니 하고 부른다는 뜻으로, 매우 가까운 친구로 지냄을 이르는 말
부를 호 형 형 부를 호 아우 제	

以 熱 治 熱	열로써 열을 다스림
써 이 더울 열 다스릴 치 더울 열	

前 代 未 聞	이제까지 들어본 적이 없는 일
앞 전 대신 대 아닐 미 들을 문	

4급 사자성어

刻骨痛恨	뼈에 사무쳐 마음 속 깊이 맺힌 원한
새길 각 뼈 골 아플 통 한할 한	

君臣有義	임금과 신하 사이의 도리는 의리에 있음
임금 군 신하 신 있을 유 옳을 의	

博覽強記	동서고금의 책을 널리 읽고 사물을 잘 기억함
넓을 박 볼 람 굳셀 강 기록할 기	

敢不生心	감히 엄두도 내지 못함
감히 감 아닐 불 날 생 마음 심	

近朱者赤	붉은 색을 가까이하는 사람은 붉어지게 됨
가까울 근 붉을 주 놈 자 붉을 적	

百家爭鳴	많은 학자나 문화인 등이 자기의 학설이나 주장을 자유롭게 발표하여, 논쟁하고 토론하는 일을 이르는 말
일백 백 집 가 다툴 쟁 울 명	

甘言利說	귀가 솔깃하도록 남의 비위를 맞추거나 이로운 조건을 내세워 꾀는 말 (감언이설)
달 감 말씀 언 이할 리 말씀 설	

奇想天外	착상이나 생각 따위가 쉽게 짐작할 수 없을 정도로 기발하고 엉뚱함
기특할 기 생각 상 하늘 천 바깥 외	

百折不屈	어떠한 난관에도 결코 굽히지 않음
일백 백 꺾을 절 아닐 불 굽힐 굴	

居安思危	편안히 살 때 닥쳐올 위태로움을 생각함
살 거 편안 안 생각 사 위태할 위	

金科玉條	금이나 옥처럼 귀중히 여겨 꼭 지켜야 할 법칙이나 규정
쇠 금 과목 과 구슬 옥 가지 조	

事必歸正	모든 일은 반드시 바른길로 돌아감
일 사 반드시 필 돌아올 귀 바를 정	

見危授命	나라가 위급할 때 자기 몸을 나라에 바침
볼 견 위태할 위 줄 수 목숨 명	

落落長松	가지가 축축 길게 늘어지고 키가 큰 소나무
떨어질 낙 떨어질 락 길 장 소나무 송	

山海珍味	산과 바다에서 나는 온갖 진귀한 물건으로 차린 맛이 좋은 음식
메 산 바다 해 보배 진 맛 미	

敬天勤民	하늘을 공경하고 백성을 위하여 부지런히 일함
공경 경 하늘 천 부지런할 근 백성 민	

難攻不落	공격하기가 어려워 좀처럼 함락되지 아니함
어려울 난 공 공 아닐 불 떨어질 락	

殺身成仁	자기의 몸을 희생하여 인(仁)을 이룸
죽일 살 몸 신 이룰 성 어질 인	

驚天動地	하늘이 놀라고 땅이 움직인다는 뜻으로, 몹시 세상을 놀라게 한다는 말
놀랄 경 하늘 천 움직일 동 따 지	

難臣賊子	나라를 어지럽게 하는 신하와 부모에게 불효하는 자식
어려울 난 신하 신 도둑 적 아들 자	

先公後私	공적인 일을 먼저하고 사사로운 일을 뒤로 미룸
먼저 선 공평할 공 뒤 후 사사 사	

鷄卵有骨	달걀에도 뼈가 있다는 뜻으로, 운수가 나쁜 사람은 모처럼 좋은 기회를 만나도 역시 일이 잘 안됨을 이르는 말
닭 계 알 란 있을 유 뼈 골	

大驚失色	몹시 놀라 얼굴빛이 하얗게 변함
큰 대 놀랄 경 잃을 실 빛 색	

仙姿玉質	신선의 자태에 옥의 바탕이라는 뜻으로, 몸과 마음이 매우 아름다운 사람을 이르는 말
신선 선 모양 자 구슬 옥 바탕 질	

孤立無援	고립되어 도움 받을 만한 곳이 없음
외로울 고 설 립 없을 무 도울 원	

大同小異	큰 차이 없이 거의 같음
큰 대 한가지 동 작을 소 다를 이	

送舊迎新	묵은 해를 보내고 새해를 맞음
보낼 송 예 구 맞을 영 새 신	

苦盡甘來	쓴 것이 다하면 단 것이 온다는 뜻으로, 고생 끝에 즐거움이 옴을 이르는 말
쓸 고 다할 진 달 감 올 래	

明鏡止水	맑은 거울과 고요한 물
밝을 명 거울 경 그칠 지 물 수	

身言書判	예전에, 인물을 선택하는 데 표준으로 삼던 조건
몸 신 말씀 언 글 서 판단할 판	

骨肉相殘	가까운 혈족끼리 서로 해치고 죽임
뼈 골 고기 육 서로 상 남을 잔	

目不識丁	아주 간단한 글자인 '丁'자를 보고도 그것이 '고무래'인 줄을 알지 못한다는 뜻으로, 아주 까막눈임을 이르는 말
눈 목 아닐 불 알 식 고무래 정	

心機一轉	어떤 동기가 있어 이제까지 가졌던 마음가짐을 버리고 완전히 달라짐
마음 심 틀 기 한 일 구를 전	

過大評價	실제보다 지나치게 높이 평가함을 이름
지날 과 큰 대 평할 평 값 가	

無爲徒食	하는 일이 없이 놀고 먹음
없을 무 할 위 무리 도 먹을 식	

惡戰苦鬪	몹시 어렵게 싸우는 것
악할 악 싸움 전 쓸 고 싸움 투	

九折羊腸	꼬불꼬불하며 험한 산길을 이르는 말
아홉 구 꺾을 절 양 양 창자 장	

美辭麗句	좋은 말과 화려한 글귀
아름다울 미 말씀 사 고울 려 글귀 구	

藥房甘草	무슨 일이나 빠짐없이 끼임. 반드시 끼어야할 사물
약 약 방 방 달 감 풀 초	

言 中 有 骨
말씀 언 가운데 중 있을 유 뼈 골
말 속에 뼈가 있다는 뜻으로, 예사로운 말 속에 단단한 속 뜻이 들어 있음을 이르는 말

仁 者 無 敵
어질 인 놈 자 없을 무 재적할 적
어진 사람은 모든 사람이 사랑하므로 세상에 적이 없음

盡 忠 報 國
다할 진 충성 충 갚을 보 나라 국
충성을 다하여 나라의 은혜를 갚음

女 必 從 夫
계집 녀 반드시 필 따를 종 지아비 부
아내는 반드시 남편에게 순종해야 한다는 말 (여필종부)

一 刻 千 金
한 일 새길 각 일천 천 쇠 금
매우 짧은 시간도 천금만큼 귀하다는 말

千 慮 一 得
일천 천 생각할 려 한 일 얻을 득
어리석은 사람도 많은 생각 가운데 한 가지쯤 좋은 생각이 미칠 수 있다는 말

緣 木 求 魚
인연 연 나무 목 구할 구 물고기 어
나무에 올라가서 물고기를 구한다는 뜻으로, 도저히 불가능한 일을 굳이 하려 함을 비유적으로 이르는 말

一 罰 百 戒
한 일 벌할 벌 일백 백 경계할 계
한 사람이나 한 가지 죄를 벌줌으로써 여러 사람을 경계함

千 慮 一 失
일천 천 생각할 려 한 일 잃을 실
지혜로운 사람도 많은 생각 가운데는 간혹 실책이 있을 수 있다는 말

五 穀 百 果
다섯 오 곡식 곡 일백 백 실과 과
온갖 곡식과 온갖 과일

一 絲 不 亂
한 일 실 사 아닐 불 어지러울 란
한 타래의 실이 전혀 헝클어지지 않았다는 데서 질서정연하여 조금도 어지러움이 없음을 말함

天 生 緣 分
하늘 천 날 생 인연 연 나눌 분
하늘에서 미리 정해 준 연분

玉 骨 仙 風
구슬 옥 뼈 골 신선 선 바람 풍
옥과 같은 골격과 선인과 같은 풍채

日 就 月 將
날 일 나아갈 취 달 월 장수 장
나날이 다달이 자라거나 발전함

千 差 萬 別
일천 천 다를 차 일만 만 다를 별
여러 가지 사물이 모두 차이가 있고 구별이 있음

危 機 一 髮
위태할 위 틀 기 한 일 터럭 발
여유가 조금도 없이 몹시 절박한 순간

一 喜 一 非
한 일 기쁠 희 한 일 슬플 비
한편 기쁘고 한편 슬픔, 기쁜 일과 슬픈 일이 번갈아 일어남

千 篇 一 律
일천 천 책 편 한 일 법칙 률
여러 시문의 격조(格調)가 모두 비슷하게 개별적 특성이 없음

類 類 相 從
무리 류 무리 류 서로 상 따를 종
같은 무리끼리 서로 사귐 (유유상종)

自 畫 自 讚
스스로 자 그림 화 스스로 자 기릴 찬
자기가 한 일을 스스로 자랑함을 이르는 말

必 有 曲 折
반드시 필 있을 유 굽을 곡 꺾을 절
반드시 무슨 까닭이 있음

異 口 同 聲
다를 이 입 구 한가지 동 소리 성
다른 입에서 같은 소리를 낸다는 데서, 여러 사람의 말이 한결같음을 말함

張 三 李 四
베풀 장 석 삼 성 리 넉 사
이름이 신분이 특별하지 아니한 사람들을 이르는 말 (장삼이사)

漢 江 投 石
한나라 한 강 강 던질 투 돌 석
한강에 돌던지기라는 뜻으로 지나치게 미미하여 아무런 효과를 미치지 못함을 이르는 말

以 卵 擊 石
써 이 알 란 칠 격 돌 석
달걀로 돌로 친다는 뜻으로, 턱없이 약한 것으로 강한 것을 당해내려는 어리석음

適 者 生 存
맞을 적 놈 자 날 생 있을 존
환경에 적응하는 생물만이 살아남고, 그렇지 못한 것은 도태되어 멸망하는 현상

虛 張 聲 勢
빌 허 베풀 장 소리 성 형세 세
실속 없이 허세만 부림

利 用 厚 生
이할 리 쓸 용 두터울 후 날 생
기물의 사용을 편리하게 하고 백성의 생활을 윤택하게 함 (이용후생)

適 材 適 所
맞을 적 재목 재 맞을 적 바 소
마땅한 인재를 마땅한 자리에 씀

會 者 定 離
모일 회 놈 자 정할 정 떠날 리
만난 자는 반드시 헤어짐

離 合 集 散
떠날 리 합할 합 모을 집 흩을 산
헤어졌다가 모였다가 하는 일 (이합집산)

走 馬 看 山
달릴 주 말 마 볼 간 메 산
자세히 살피지 아니하고 대충대충 보고 지나감을 이르는 말

興 盡 悲 來
일 흥 다할 진 슬플 비 올 래
즐거운 일이 다하면 슬픈 일이 닥쳐온다는 뜻으로, 세상일은 순환되는 것임을 이르는 말

반대자(反對字) – 뜻이 반대되는 한자(漢字)

加(가) 5급	↔	減(감) 4급Ⅱ	高(고) 6급Ⅱ	↔	下(하) 7급Ⅱ	男(남) 7급Ⅱ	↔	女(녀) 8급

加(가) 5급 ↔ 減(감) 4급Ⅱ　　高(고) 6급Ⅱ ↔ 下(하) 7급Ⅱ　　男(남) 7급Ⅱ ↔ 女(녀) 8급

可(가) 5급 ↔ 否(부) 4급　　曲(곡) 5급 ↔ 直(직) 7급Ⅱ　　南(남) 8급 ↔ 北(북) 8급

加(가) 5급 ↔ 除(제) 4급Ⅱ　　功(공) 6급Ⅱ ↔ 過(과) 5급Ⅱ　　來(내) 7급 ↔ 去(거) 5급

干(간) 4급 ↔ 滿(만) 4급Ⅱ　　空(공) 7급Ⅱ ↔ 陸(륙) 5급Ⅱ　　來(내) 7급 ↔ 往(왕) 4급Ⅱ

簡(간) 4급 ↔ 細(세) 4급Ⅱ　　攻(공) 4급 ↔ 防(방) 4급Ⅱ　　內(내) 7급Ⅱ ↔ 外(외) 8급

甘(감) 4급 ↔ 苦(고) 6급　　公(공) 6급Ⅱ ↔ 私(사) 4급　　冷(냉) 5급 ↔ 暖(난) 4급Ⅱ

江(강) 7급Ⅱ ↔ 山(산) 8급　　攻(공) 4급 ↔ 守(수) 4급Ⅱ　　冷(냉) 5급 ↔ 熱(열) 5급

強(강) 6급 ↔ 弱(약) 6급Ⅱ　　功(공) 6급Ⅱ ↔ 罪(죄) 5급　　冷(냉) 5급 ↔ 溫(온) 6급

開(개) 6급 ↔ 閉(폐) 4급　　官(관) 4급Ⅱ ↔ 民(민) 8급　　勞(노) 5급Ⅱ ↔ 使(사) 6급

去(거) 5급 ↔ 來(래) 7급　　教(교) 8급 ↔ 習(습) 6급　　老(노) 7급 ↔ 少(소) 7급

去(거) 5급 ↔ 留(류) 4급Ⅱ　　教(교) 8급 ↔ 學(학) 8급　　多(다) 6급 ↔ 少(소) 7급

巨(거) 4급 ↔ 細(세) 4급Ⅱ　　君(군) 4급 ↔ 民(민) 8급　　單(단) 4급Ⅱ ↔ 複(복) 4급

輕(경) 5급 ↔ 重(중) 7급　　君(군) 4급 ↔ 臣(신) 5급Ⅱ　　斷(단) 4급Ⅱ ↔ 續(속) 4급Ⅱ

京(경) 6급 ↔ 鄕(향) 4급Ⅱ　　今(금) 6급Ⅱ ↔ 古(고) 6급　　短(단) 6급Ⅱ ↔ 長(장) 8급

古(고) 6급 ↔ 今(금) 6급Ⅱ　　起(기) 4급Ⅱ ↔ 結(결) 5급Ⅱ　　當(당) 5급Ⅱ ↔ 落(락) 5급

苦(고) 6급 ↔ 樂(락) 6급Ⅱ　　起(기) 4급Ⅱ ↔ 伏(복) 4급　　當(당) 5급Ⅱ ↔ 否(부) 4급

高(고) 6급Ⅱ ↔ 落(락) 5급　　吉(길) 5급 ↔ 凶(흉) 5급Ⅱ　　大(대) 8급 ↔ 小(소) 8급

高(고) 6급Ⅱ ↔ 低(저) 4급Ⅱ　　難(난) 4급Ⅱ ↔ 易(이) 4급　　都(도) 5급 ↔ 農(농) 7급Ⅱ

東(동) 8급	↔	西(서) 8급	背(배) 4급Ⅱ	↔	向(향) 6급	賞(상) 5급	↔	罰(벌) 4급Ⅱ
同(동) 7급	↔	異(이) 4급	白(백) 8급	↔	黑(흑) 5급	上(상) 7급Ⅱ	↔	下(하) 7급Ⅱ
動(동) 7급Ⅱ	↔	靜(정) 4급	本(본) 6급	↔	末(말) 5급	生(생) 8급	↔	死(사) 6급
動(동) 7급Ⅱ	↔	止(지) 5급	父(부) 8급	↔	母(모) 8급	生(생) 8급	↔	殺(살) 4급Ⅱ
冬(동) 7급	↔	夏(하) 7급	夫(부) 7급	↔	婦(부) 4급Ⅱ	善(선) 5급	↔	惡(악) 5급Ⅱ
得(득) 4급Ⅱ	↔	失(실) 6급	父(부) 8급	↔	子(자) 7급Ⅱ	先(선) 8급	↔	後(후) 7급Ⅱ
登(등) 7급	↔	降(강) 4급	北(북) 8급	↔	南(남) 8급	成(성) 6급Ⅱ	↔	敗(패) 5급
登(등) 7급	↔	落(락) 5급	分(분) 6급Ⅱ	↔	合(합) 6급	細(세) 4급Ⅱ	↔	大(대) 8급
滿(만) 4급Ⅱ	↔	干(간) 4급	悲(비) 4급Ⅱ	↔	樂(락) 6급Ⅱ	續(속) 4급Ⅱ	↔	斷(단) 4급Ⅱ
賣(매) 5급	↔	買(매) 5급	悲(비) 4급Ⅱ	↔	歡(환) 4급	損(손) 4급	↔	得(득) 4급Ⅱ
明(명) 6급Ⅱ	↔	暗(암) 4급Ⅱ	悲(비) 4급Ⅱ	↔	喜(희) 4급	損(손) 4급	↔	益(익) 4급Ⅱ
母(모) 8급	↔	子(자) 7급Ⅱ	貧(빈) 4급Ⅱ	↔	富(부) 4급Ⅱ	送(송) 4급Ⅱ	↔	受(수) 4급Ⅱ
問(문) 7급	↔	答(답) 7급Ⅱ	氷(빙) 5급	↔	炭(탄) 5급	送(송) 4급Ⅱ	↔	迎(영) 4급
文(문) 7급	↔	武(무) 4급Ⅱ	士(사) 5급Ⅱ	↔	民(민) 8급	受(수) 4급Ⅱ	↔	給(급) 5급
物(물) 7급Ⅱ	↔	心(심) 7급	死(사) 6급	↔	生(생) 8급	收(수) 4급Ⅱ	↔	給(급) 5급
美(미) 6급	↔	惡(악) 5급Ⅱ	師(사) 4급Ⅱ	↔	弟(제) 8급	水(수) 8급	↔	陸(륙) 5급Ⅱ
民(민) 8급	↔	官(관) 4급Ⅱ	死(사) 6급	↔	活(활) 7급Ⅱ	授(수) 4급Ⅱ	↔	受(수) 4급Ⅱ
班(반) 6급Ⅱ	↔	常(상) 4급Ⅱ	山(산) 8급	↔	海(해) 7급Ⅱ	手(수) 7급Ⅱ	↔	足(족) 7급Ⅱ
發(발) 6급Ⅱ	↔	着(착) 5급Ⅱ	殺(살) 4급Ⅱ	↔	活(활) 7급Ⅱ	收(수) 4급Ⅱ	↔	支(지) 4급Ⅱ
方(방) 7급Ⅱ	↔	圓(원) 4급Ⅱ	常(상) 4급Ⅱ	↔	班(반) 6급Ⅱ	水(수) 8급	↔	火(화) 8급

반대자(反對字) – 뜻이 반대되는 한자(漢字)

順(순)5급II	↔	逆(역)4급II	言(언)6급	↔	文(문)7급	隱(은)4급	↔	顯(현)4급
勝(승)6급	↔	負(부)4급	言(언)6급	↔	行(행)6급	陰(음)4급II	↔	陽(양)6급
勝(승)6급	↔	敗(패)5급	與(여)4급	↔	受(수)4급II	異(이)4급	↔	同(동)7급
始(시)6급II	↔	末(말)5급	與(여)4급	↔	野(야)6급	理(이)6급II	↔	亂(란)4급
是(시)4급II	↔	非(비)4급II	然(연)7급	↔	否(부)4급	離(이)4급	↔	合(합)6급
始(시)6급II	↔	終(종)5급	迎(영)4급	↔	送(송)4급II	利(이)6급II	↔	害(해)5급II
新(신)6급II	↔	古(고)6급	豫(예)4급	↔	決(결)5급II	因(인)5급	↔	果(과)6급II
新(신)6급II	↔	舊(구)5급II	玉(옥)4급II	↔	石(석)6급	日(일)8급	↔	月(월)8급
臣(신)5급II	↔	民(민)8급	溫(온)6급	↔	冷(랭)5급	入(입)7급	↔	落(락)5급
身(신)6급II	↔	心(심)7급	往(왕)4급II	↔	來(래)7급	入(입)7급	↔	出(출)7급
信(신)6급II	↔	疑(의)4급	往(왕)4급II	↔	復(복)4급II	子(자)7급II	↔	女(녀)8급
失(실)6급	↔	得(득)4급II	右(우)7급II	↔	左(좌)7급II	姉(자)4급	↔	妹(매)4급
實(실)5급II	↔	否(부)4급	遠(원)6급	↔	近(근)6급	子(자)7급II	↔	母(모)8급
心(심)7급	↔	身(신)6급II	怨(원)4급	↔	恩(은)4급II	自(자)7급II	↔	他(타)5급
心(심)7급	↔	體(체)6급II	月(월)8급	↔	日(일)8급	昨(작)6급II	↔	今(금)6급II
安(안)7급II	↔	否(부)4급	有(유)7급	↔	無(무)5급	長(장)8급	↔	短(단)6급II
安(안)7급II	↔	危(위)4급	陸(육)5급II	↔	海(해)7급II	將(장)4급II	↔	兵(병)5급II
愛(애)6급	↔	惡(오)5급II	隱(은)4급	↔	見(견)5급II	將(장)4급II	↔	士(사)5급II
良(양)5급II	↔	否(부)4급	恩(은)4급II	↔	怨(원)4급	將(장)4급II	↔	卒(졸)5급II
陽(양)6급	↔	陰(음)4급II	隱(은)4급	↔	現(현)6급II	前(전)7급II	↔	後(후)7급II

35

한자능력검정시험 4급　　　　　반대자

正(정) 7급II	↔	反(반) 6급II	眞(진) 4급II	↔	假(가) 4급II	海(해) 7급II	↔	陸(륙) 5급II
正(정) 7급II	↔	副(부) 4급II	進(진) 4급II	↔	退(퇴) 4급II	向(향) 6급	↔	背(배) 4급II
正(정) 7급II	↔	誤(오) 4급II	集(집) 6급II	↔	配(배) 4급II	虛(허) 4급II	↔	實(실) 5급II
弟(제) 8급	↔	兄(형) 8급	集(집) 6급II	↔	散(산) 4급	顯(현) 4급	↔	密(밀) 4급II
朝(조) 6급	↔	夕(석) 7급	着(착) 5급II	↔	發(발) 6급II	兄(형) 8급	↔	弟(제) 8급
祖(조) 7급	↔	孫(손) 6급	天(천) 7급	↔	地(지) 7급	刑(형) 4급	↔	罪(죄) 5급
朝(조) 6급	↔	野(야) 6급	春(춘) 7급	↔	秋(추) 7급	好(호) 4급II	↔	惡(오) 5급II
存(존) 4급	↔	亡(망) 5급	出(출) 7급	↔	缺(결) 4급II	呼(호) 4급II	↔	吸(흡) 4급II
存(존) 4급	↔	無(무) 5급	出(출) 7급	↔	納(납) 4급	和(화) 6급II	↔	戰(전) 6급II
終(종) 5급	↔	始(시) 6급II	出(출) 7급	↔	入(입) 7급	活(활) 7급II	↔	殺(살) 4급II
左(좌) 7급II	↔	右(우) 7급II	忠(충) 4급II	↔	逆(역) 4급II	會(회) 6급II	↔	散(산) 4급
罪(죄) 5급	↔	罰(벌) 4급II	治(치) 4급II	↔	亂(란) 4급	後(후) 7급II	↔	先(선) 8급
罪(죄) 5급	↔	刑(형) 4급	炭(탄) 5급	↔	氷(빙) 5급	凶(흉) 5급II	↔	吉(길) 5급
主(주) 7급	↔	客(객) 5급II	投(투) 4급	↔	打(타) 5급	凶(흉) 5급II	↔	豊(풍) 4급II
晝(주) 6급	↔	夜(야) 6급	敗(패) 5급	↔	興(흥) 4급II	黑(흑) 5급	↔	白(백) 8급
主(주) 7급	↔	從(종) 4급	豊(풍) 4급II	↔	凶(흉) 5급II	興(흥) 4급II	↔	亡(망) 5급
重(중) 7급	↔	輕(경) 5급	夏(하) 7급	↔	冬(동) 7급	興(흥) 4급II	↔	敗(패) 5급
中(중) 8급	↔	外(외) 8급	寒(한) 5급	↔	暖(란) 4급II	喜(희) 4급	↔	怒(로) 4급II
增(증) 4급II	↔	減(감) 4급II	寒(한) 5급	↔	熱(열) 5급	喜(희) 4급	↔	悲(비) 4급II
增(증) 4급II	↔	損(손) 4급	寒(한) 5급	↔	溫(온) 6급			
知(지) 5급II	↔	行(행) 6급	海(해) 7급II	↔	空(공) 7급II			

可決(가결) 5급 5급II	↔	否決(부결) 4급 5급II	過失(과실) 5급II 6급	↔	故意(고의) 4급II 6급II
加重(가중) 5급 7급	↔	輕減(경감) 5급 4급II	光明(광명) 6급II 6급II	↔	暗黑(암흑) 4급II 5급
間接(간접) 7급II 4급II	↔	直接(직접) 7급II 4급II	君子(군자) 4급 7급II	↔	小人(소인) 8급 8급
干潮(간조) 4급 4급	↔	滿潮(만조) 4급II 4급	均等(균등) 4급 6급II	↔	差等(차등) 4급 6급II
減産(감산) 4급II 5급II	↔	增産(증산) 4급II 5급II	樂觀(낙관) 6급II 5급II	↔	悲觀(비관) 4급II 5급II
感性(감성) 6급 5급II	↔	理性(이성) 6급 5급II	內包(내포) 7급II 4급II	↔	外延(외연) 8급 4급
減少(감소) 4급II 7급	↔	增加(증가) 4급II 5급	內容(내용) 7급II 4급II	↔	形式(형식) 6급II 6급
感情(감정) 6급 5급II	↔	理性(이성) 6급 5급II	能動(능동) 5급II 7급II	↔	受動(수동) 4급II 7급II
個別(개별) 4급II 6급	↔	全體(전체) 7급II 6급	多元(다원) 6급 5급II	↔	一元(일원) 8급 5급II
拒否(거부) 4급 4급	↔	承認(승인) 4급II 4급II	單式(단식) 4급II 6급	↔	複式(복식) 4급 6급
拒絶(거절) 4급 4급II	↔	承認(승인) 4급II 4급II	單一(단일) 4급II 8급	↔	複合(복합) 4급 6급
結果(결과) 5급II 6급II	↔	原因(원인) 5급 5급	斷絶(단절) 4급II 4급II	↔	連結(연결) 4급II 5급II
缺席(결석) 4급II 6급	↔	出席(출석) 7급 6급	短縮(단축) 6급II 4급	↔	延長(연장) 4급 8급
結婚(결혼) 5급II 4급	↔	離婚(이혼) 4급 4급	當番(당번) 5급II 6급	↔	非番(비번) 4급II 6급
固定(고정) 5급 6급	↔	流動(유동) 5급 7급II	對話(대화) 6급II 7급II	↔	獨白(독백) 5급II 8급
困難(곤란) 4급 4급II	↔	容易(용이) 4급II 4급	動議(동의) 7급II 4급II	↔	異議(이의) 4급 4급II
空想(공상) 7급II 4급II	↔	現實(현실) 6급II 5급II	登場(등장) 7급 7급II	↔	退場(퇴장) 4급II 7급II
空虛(공허) 7급II 4급II	↔	充實(충실) 5급II 5급II	母音(모음) 8급 6급II	↔	子音(자음) 7급II 6급II
過去(과거) 5급II 5급	↔	未來(미래) 4급II 7급	文語(문어) 7급 7급	↔	口語(구어) 7급 7급

未備(미비) 4급II 4급II	↔	完備(완비) 5급 4급II
密集(밀집) 4급II 6급II	↔	散在(산재) 4급 6급
放心(방심) 6급II 7급	↔	操心(조심) 5급 7급
背恩(배은) 4급II 4급II	↔	報恩(보은) 4급II 4급II
白晝(백주) 8급 6급	↔	深夜(심야) 4급II 6급
別居(별거) 6급 4급	↔	同居(동거) 7급 4급
複雜(복잡) 4급 4급	↔	單純(단순) 4급II 4급II
服從(복종) 6급 4급	↔	反抗(반항) 6급II 4급
本業(본업) 6급 6급II	↔	副業(부업) 4급II 6급II
部分(부분) 6급II 6급II	↔	全體(전체) 7급II 6급II
不實(부실) 7급II 5급II	↔	充實(충실) 5급II 5급II
否認(부인) 4급 4급II	↔	是認(시인) 4급II 4급II
富者(부자) 4급II 6급	↔	貧者(빈자) 4급II 6급
分斷(분단) 6급II 4급II	↔	連結(연결) 4급II 5급II
分擔(분담) 6급II 4급II	↔	專擔(전담) 4급 4급II
分離(분리) 6급II 4급	↔	統合(통합) 4급II 6급
不法(불법) 7급II 5급II	↔	合法(합법) 6급 5급II
不運(불운) 7급II 6급II	↔	幸運(행운) 6급II 6급II
不幸(불행) 7급II 6급II	↔	幸福(행복) 6급II 5급II

祕密(비밀) 4급 4급Ⅱ	↔	公開(공개) 6급Ⅱ 6급	立體(입체) 7급Ⅱ 6급Ⅱ	↔	平面(평면) 7급Ⅱ 7급	進步(진보) 4급Ⅱ 4급Ⅱ	↔	保守(보수) 4급Ⅱ 4급Ⅱ

祕密(비밀) 4급 4급Ⅱ ↔ 公開(공개) 6급Ⅱ 6급　　立體(입체) 7급Ⅱ 6급Ⅱ ↔ 平面(평면) 7급Ⅱ 7급　　進步(진보) 4급Ⅱ 4급Ⅱ ↔ 保守(보수) 4급Ⅱ 4급Ⅱ

辭任(사임) 4급 5급Ⅱ ↔ 就任(취임) 4급 5급Ⅱ　　容易(용이) 4급Ⅱ 4급 ↔ 難解(난해) 4급Ⅱ 4급　　質疑(질의) 5급Ⅱ 4급 ↔ 應答(응답) 4급Ⅱ 7급Ⅱ

死後(사후) 6급 7급Ⅱ ↔ 生前(생전) 8급 7급Ⅱ　　遠心(원심) 6급 7급 ↔ 求心(구심) 4급Ⅱ 7급　　聽者(청자) 4급 6급 ↔ 話者(화자) 7급Ⅱ 6급

相對(상대) 5급Ⅱ 6급Ⅱ ↔ 絕對(절대) 4급Ⅱ 6급Ⅱ　　遠洋(원양) 6급 6급 ↔ 近海(근해) 6급 7급Ⅱ　　總角(총각) 4급Ⅱ 6급Ⅱ ↔ 處女(처녀) 4급Ⅱ 8급

生花(생화) 8급 7급 ↔ 造花(조화) 4급Ⅱ 7급　　怨恨(원한) 4급 4급 ↔ 恩惠(은혜) 4급Ⅱ 4급Ⅱ　　忠臣(충신) 4급Ⅱ 5급Ⅱ ↔ 逆臣(역신) 4급Ⅱ 5급Ⅱ

成功(성공) 6급Ⅱ 6급Ⅱ ↔ 失敗(실패) 6급 5급　　應用(응용) 4급Ⅱ 6급Ⅱ ↔ 原理(원리) 5급 6급Ⅱ　　治世(치세) 4급Ⅱ 7급Ⅱ ↔ 亂世(난세) 4급 7급Ⅱ

消極(소극) 6급Ⅱ 4급Ⅱ ↔ 積極(적극) 4급 4급Ⅱ　　義務(의무) 4급Ⅱ 4급Ⅱ ↔ 權利(권리) 4급Ⅱ 6급Ⅱ　　稱讚(칭찬) 4급 4급 ↔ 非難(비난) 4급Ⅱ 4급Ⅱ

所得(소득) 7급 4급Ⅱ ↔ 損失(손실) 4급 6급　　異端(이단) 4급 4급Ⅱ ↔ 正統(정통) 7급Ⅱ 4급Ⅱ　　快樂(쾌락) 4급Ⅱ 6급Ⅱ ↔ 苦痛(고통) 6급 4급

消費(소비) 6급Ⅱ 5급 ↔ 生産(생산) 8급 5급Ⅱ　　人爲(인위) 8급 4급Ⅱ ↔ 自然(자연) 7급Ⅱ 7급　　脫退(탈퇴) 4급 4급Ⅱ ↔ 加入(가입) 5급 7급

送舊(송구) 4급Ⅱ 5급Ⅱ ↔ 迎新(영신) 4급 6급Ⅱ　　自動(자동) 7급Ⅱ 7급Ⅱ ↔ 手動(수동) 7급Ⅱ 7급Ⅱ　　退步(퇴보) 4급Ⅱ 4급Ⅱ ↔ 進步(진보) 4급Ⅱ 4급Ⅱ

勝利(승리) 6급 6급Ⅱ ↔ 敗北(패배) 5급 8급　　自立(자립) 7급Ⅱ 7급Ⅱ ↔ 依存(의존) 4급 4급　　退院(퇴원) 4급Ⅱ 5급 ↔ 入院(입원) 7급 5급

實質(실질) 5급Ⅱ 5급Ⅱ ↔ 形式(형식) 6급Ⅱ 6급　　低下(저하) 4급Ⅱ 7급Ⅱ ↔ 向上(향상) 6급 7급Ⅱ　　破婚(파혼) 4급Ⅱ 4급 ↔ 約婚(약혼) 5급Ⅱ 4급

惡意(악의) 5급Ⅱ 6급Ⅱ ↔ 善意(선의) 5급 6급Ⅱ　　敵對(적대) 4급Ⅱ 6급Ⅱ ↔ 友好(우호) 5급Ⅱ 4급Ⅱ　　平等(평등) 7급Ⅱ 6급Ⅱ ↔ 差別(차별) 4급 6급

惡化(악화) 5급Ⅱ 5급Ⅱ ↔ 好轉(호전) 4급Ⅱ 4급　　切斷(절단) 5급Ⅱ 4급Ⅱ ↔ 連結(연결) 4급Ⅱ 5급Ⅱ　　夏至(하지) 7급 4급Ⅱ ↔ 冬至(동지) 7급 4급Ⅱ

安全(안전) 7급Ⅱ 7급Ⅱ ↔ 危險(위험) 4급 4급　　正當(정당) 7급Ⅱ 5급Ⅱ ↔ 不當(부당) 7급Ⅱ 5급Ⅱ　　解散(해산) 4급Ⅱ 4급 ↔ 集合(집합) 6급Ⅱ 6급

溫暖(온난) 6급 4급Ⅱ ↔ 寒冷(한랭) 5급 5급　　正常(정상) 7급Ⅱ 4급Ⅱ ↔ 異常(이상) 4급 4급Ⅱ　　許可(허가) 5급 5급 ↔ 禁止(금지) 4급Ⅱ 5급

溫情(온정) 6급 5급Ⅱ ↔ 冷情(냉정) 5급 5급Ⅱ　　情神(정신) 5급Ⅱ 6급Ⅱ ↔ 物質(물질) 7급Ⅱ 5급Ⅱ　　革新(혁신) 4급 6급Ⅱ ↔ 保守(보수) 4급Ⅱ 4급Ⅱ

利益(이익) 6급Ⅱ 4급Ⅱ ↔ 損失(손실) 4급 6급　　正午(정오) 7급Ⅱ 7급Ⅱ ↔ 子正(자정) 7급Ⅱ 7급Ⅱ　　現實(현실) 6급Ⅱ 5급Ⅱ ↔ 理想(이상) 6급Ⅱ 4급Ⅱ

離脫(이탈) 4급 4급 ↔ 接近(접근) 4급Ⅱ 6급　　增進(증진) 4급Ⅱ 4급Ⅱ ↔ 減退(감퇴) 4급Ⅱ 4급Ⅱ　　訓讀(훈독) 6급 6급Ⅱ ↔ 音讀(음독) 6급Ⅱ 6급Ⅱ

入金(입금) 7급 8급 ↔ 出金(출금) 7급 8급　　支出(지출) 4급Ⅱ 7급 ↔ 收入(수입) 4급Ⅱ 7급　　好況(호황) 4급Ⅱ 4급 ↔ 不況(불황) 7급Ⅱ 4급

可變性(가변성) 5급 5급Ⅱ 5급Ⅱ	↔	不變性(불변성) 7급Ⅱ 5급Ⅱ 5급Ⅱ	
可燃性(가연성) 5급 4급 5급Ⅱ	↔	不燃性(불연성) 7급Ⅱ 4급 5급Ⅱ	
感情的(감정적) 6급 5급Ⅱ 5급Ⅱ	↔	理性的(이성적) 6급 5급Ⅱ 5급Ⅱ	
結氷期(결빙기) 5급Ⅱ 5급 5급	↔	解氷期(해빙기) 4급Ⅱ 5급 5급	
舊體制(구체제) 5급Ⅱ 6급Ⅱ 4급Ⅱ	↔	新體制(신체제) 6급Ⅱ 6급Ⅱ 4급Ⅱ	
極左派(극좌파) 4급Ⅱ 7급Ⅱ 4급	↔	極右派(극우파) 4급Ⅱ 7급Ⅱ 4급	
樂觀論(낙관론) 6급Ⅱ 5급Ⅱ 4급Ⅱ	↔	悲觀論(비관론) 4급Ⅱ 5급Ⅱ 4급Ⅱ	
落選人(낙선인) 5급 5급 8급	↔	當選人(당선인) 5급Ⅱ 5급 8급	
落選者(낙선자) 5급 5급 6급	↔	當選者(당선자) 5급Ⅱ 5급 6급	
男學生(남학생) 7급Ⅱ 8급 8급	↔	女學生(여학생) 8급 8급 8급	
內國人(내국인) 7급Ⅱ 8급 8급	↔	外國人(외국인) 8급 8급 8급	
內在律(내재율) 7급Ⅱ 6급 4급Ⅱ	↔	外在律(외재율) 8급 6급 4급Ⅱ	
老處女(노처녀) 7급 4급Ⅱ 8급	↔	老總角(노총각) 7급 4급Ⅱ 6급Ⅱ	
多數者(다수자) 6급 7급 6급	↔	少數者(소수자) 7급 7급 6급	
單純性(단순성) 4급Ⅱ 4급Ⅱ 5급Ⅱ	↔	複雜性(복잡성) 4급 4급 5급Ⅱ	
大家族(대가족) 8급 7급Ⅱ 6급	↔	小家族(소가족) 8급 7급Ⅱ 6급	
大殺年(대살년) 8급 4급Ⅱ 8급	↔	大有年(대유년) 8급 7급 8급	
大凶年(대흉년) 8급 5급Ⅱ 8급	↔	大豊年(대풍년) 8급 4급Ⅱ 8급	
都給人(도급인) 5급 5급 8급	↔	受給人(수급인) 4급Ⅱ 5급 8급	
同意語(동의어) 7급 6급Ⅱ 7급	↔	反意語(반의어) 6급Ⅱ 6급Ⅱ 7급	

同質化(동질화) 7급 5급Ⅱ 5급Ⅱ	↔	異質化(이질화) 4급 5급Ⅱ 5급Ⅱ	
門外漢(문외한) 8급 8급 7급Ⅱ	↔	專門家(전문가) 4급 8급 7급Ⅱ	
發信人(발신인) 6급 6급Ⅱ 8급	↔	受信人(수신인) 4급Ⅱ 6급Ⅱ 8급	
白眼視(백안시) 8급 4급Ⅱ 4급Ⅱ	↔	靑眼視(청안시) 8급 4급Ⅱ 4급Ⅱ	
富益富(부익부) 4급Ⅱ 4급Ⅱ 4급Ⅱ	↔	貧益貧(빈익빈) 4급Ⅱ 4급Ⅱ 4급Ⅱ	
本校生(본교생) 6급 8급 8급	↔	他校生(타교생) 5급 8급 8급	
不良品(불량품) 7급Ⅱ 5급Ⅱ 5급Ⅱ	↔	優良品(우량품) 4급 5급Ⅱ 5급Ⅱ	
不文律(불문율) 7급Ⅱ 7급 4급Ⅱ	↔	成文律(성문율) 6급Ⅱ 7급 4급Ⅱ	
三損友(삼손우) 8급 4급 5급Ⅱ	↔	三益友(삼익우) 8급 4급Ⅱ 5급Ⅱ	
上級生(상급생) 7급Ⅱ 6급 8급	↔	下級生(하급생) 7급Ⅱ 6급 8급	
上終價(상종가) 7급Ⅱ 5급 5급Ⅱ	↔	下終價(하종가) 7급Ⅱ 5급 5급Ⅱ	
勝利者(승리자) 6급 6급Ⅱ 6급	↔	敗北者(패배자) 5급 8급 6급	
始務式(시무식) 6급Ⅱ 4급Ⅱ 6급	↔	終務式(종무식) 5급 4급Ⅱ 6급	
收入額(수입액) 4급Ⅱ 7급 4급	↔	支出額(지출액) 4급Ⅱ 7급 4급	
小區分(소구분) 8급 6급 6급Ⅱ	↔	大區分(대구분) 8급 6급 6급Ⅱ	
消極性(소극성) 6Ⅱ 4급Ⅱ 5급Ⅱ	↔	積極性(적극성) 4급 4급Ⅱ 5급Ⅱ	
送話器(송화기) 4급Ⅱ 7급Ⅱ 4급Ⅱ	↔	受話器(수화기) 4급Ⅱ 7급Ⅱ 4급Ⅱ	
惡條件(악조건) 5급Ⅱ 4급 5급	↔	好條件(호조건) 4급Ⅱ 4급 5급	
夜學生(야학생) 6급 8급 8급	↔	晝學生(주학생) 6급 8급 8급	
兩非論(양비론) 4급Ⅱ 4급Ⅱ 4급Ⅱ	↔	兩是論(양시론) 4급Ⅱ 4급Ⅱ 4급Ⅱ	

女學校(여학교) 8급 8급 8급	↔	男學校(남학교) 7급Ⅱ 8급 8급
逆機能(역기능) 4급 4급 5급Ⅱ	↔	順機能(순기능) 5급Ⅱ 4급 5급Ⅱ
逆轉勝(역전승) 4급Ⅱ 4급 6급	↔	逆轉敗(역전패) 4급Ⅱ 4급 5급
立席券(입석권) 7급Ⅱ 6급 4급	↔	座席券(좌석권) 4급 6급 4급
午前班(오전반) 7급Ⅱ 7급Ⅱ 6급Ⅱ	↔	午後班(오후반) 7급Ⅱ 7급Ⅱ 6급Ⅱ
外三寸(외삼촌) 8급 8급 8급	↔	親三寸(친삼촌) 6급 8급 8급
願賣人(원매인) 5급 5급 8급	↔	願買人(원매인) 5급 5급 8급
有産者(유산자) 7급 5급Ⅱ 6급	↔	無産者(무산자) 5급 5급Ⅱ 6급
理性的(이성적) 6급Ⅱ 5급Ⅱ 5급Ⅱ	↔	感情的(감정적) 6급 5급Ⅱ 5급Ⅱ
前半部(전반부) 7급Ⅱ 6급Ⅱ 6급Ⅱ	↔	後半部(후반부) 7급Ⅱ 6급Ⅱ 6급Ⅱ
專有物(전유물) 4급 7급 7급Ⅱ	↔	共有物(공유물) 6급Ⅱ 7급 7급Ⅱ
轉出者(전출자) 4급 7급 6급	↔	轉入者(전입자) 4급 7급 6급
差損金(차손금) 4급 4급 8급	↔	差益金(차익금) 4급 4급Ⅱ 8급
出發地(출발지) 7급 6급Ⅱ 7급	↔	到着地(도착지) 5급Ⅱ 5급Ⅱ 7급
就任辭(취임사) 4급 5급Ⅱ 4급	↔	離任辭(이임사) 4급 5급Ⅱ 4급
親孫女(친손녀) 6급 6급 8급	↔	外孫女(외손녀) 8급 6급 8급
退潮期(퇴조기) 4급Ⅱ 4급 5급	↔	高潮期(고조기) 6급Ⅱ 4급 5급
下半身(하반신) 7급Ⅱ 6급Ⅱ 6급Ⅱ	↔	上半身(상반신) 7급Ⅱ 6급Ⅱ 6급Ⅱ
下限價(하한가) 7급Ⅱ 4급Ⅱ 5급Ⅱ	↔	上限價(상한가) 7급Ⅱ 4급Ⅱ 5급Ⅱ
合法化(합법화) 6급 5급Ⅱ 5급Ⅱ	↔	不法化(불법화) 7급Ⅱ 5급Ⅱ 5급Ⅱ

現實派(현실파) 6급Ⅱ 5급Ⅱ 4급	↔	理想派(이상파) 6급Ⅱ 4급Ⅱ 4급
後半戰(후반전) 7급Ⅱ 6급Ⅱ 6급Ⅱ	↔	前半戰(전반전) 7급Ⅱ 6급Ⅱ 6급Ⅱ
後任者(후임자) 7급Ⅱ 5급Ⅱ 6급	↔	前任者(전임자) 7급Ⅱ 5급Ⅱ 6급
凶漁期(흉어기) 5급Ⅱ 5급 5급	↔	豊漁期(풍어기) 4급Ⅱ 5급 5급
強大國家(강대국가) 6급Ⅱ 8급 8급 7급Ⅱ	↔	弱小國家(약소국가) 6급Ⅱ 8급 8급 7급Ⅱ
景氣回復(경기회복) 5급 7급Ⅱ 4급Ⅱ 4급Ⅱ	↔	景氣後退(경기후퇴) 5급 7급Ⅱ 7급Ⅱ 4급Ⅱ
吉則大凶(길즉대흉) 5급 5급 8급 5급Ⅱ	↔	凶則大吉(흉즉대길) 5급Ⅱ 5급 8급 5급
古今同然(고금동연) 6급 6급Ⅱ 7급 7급	↔	古今不同(고금부동) 6급 6급Ⅱ 7급Ⅱ 7급
過大評價(과대평가) 5급Ⅱ 8급 4급 5급Ⅱ	↔	過小評價(과소평가) 5급Ⅱ 8급 4급 5급Ⅱ
樂觀論者(낙관론자) 6급Ⅱ 5급Ⅱ 4급Ⅱ 6급	↔	悲觀論者(비관론자) 4급Ⅱ 5급Ⅱ 4급Ⅱ 6급
暖房裝置(난방장치) 4급Ⅱ 4급Ⅱ 4급 4급Ⅱ	↔	冷房裝置(냉방장치) 5급 4급Ⅱ 4급 4급Ⅱ
賣出操作(매출조작) 5급 7급 5급 6급Ⅱ	↔	買入操作(매입조작) 5급 7급 5급 6급Ⅱ
母系血族(모계혈족) 8급 4급 4급Ⅱ 6급	↔	父系血族(부계혈족) 8급 4급 4급Ⅱ 6급
死亡申告(사망신고) 6급 5급 4급Ⅱ 5급Ⅱ	↔	出生申告(출생신고) 7급 8급 4급Ⅱ 5급Ⅱ
歲入豫算(세입예산) 5급Ⅱ 7급 4급 7급	↔	歲出豫算(세출예산) 5급Ⅱ 7급 4급 7급
連戰連勝(연전연승) 4급Ⅱ 6급Ⅱ 4급Ⅱ 6급	↔	連戰連敗(연전연패) 4급Ⅱ 6급Ⅱ 4급Ⅱ 5급
有資格者(유자격자) 7급 4급 5급Ⅱ 6급	↔	無資格者(무자격자) 5급 4급 5급Ⅱ 6급
一擧兩得(일거양득) 8급 5급 4급Ⅱ 4급Ⅱ	↔	一擧兩失(일거양실) 8급 5급 4급Ⅱ 6급
入金傳票(입금전표) 7급 8급 5급Ⅱ 4급Ⅱ	↔	出金傳票(출금전표) 7급 8급 5급Ⅱ 4급Ⅱ
卒年月日(졸년월일) 5급Ⅱ 8급 8급 8급	↔	生年月日(생년월일) 8급 8급 8급 8급

晝短夜長(주단야장)　　↔　　晝長夜短(주장야단)　　　　下意上達(하의상달)　　↔　　上意下達(상의하달)
6급 6급Ⅱ 6급 8급　　　　　　6급 8급 6급 6급Ⅱ　　　　　　7급Ⅱ 6급Ⅱ 7급Ⅱ 4급Ⅱ　　　　7급Ⅱ 6급Ⅱ 7급Ⅱ 4급Ⅱ

智者一失(지자일실)　　↔　　千慮一得(천려일득)　　　　興盡悲來(흥진비래)　　↔　　苦盡甘來(고진감래)
4급 6급 8급 6급　　　　　　7급 4급 8급 4급Ⅱ　　　　　　4급Ⅱ 4급 4급Ⅱ 7급　　　　6급 4급 4급 7급

支出豫算(지출예산)　　↔　　收入豫算(수입예산)　　　　好衣好食(호의호식)　　↔　　惡衣惡食(악의악식)
4급Ⅱ 7급 4급 7급　　　　　　4급Ⅱ 7급 4급 7급　　　　　　4급Ⅱ 6급 4급Ⅱ 7급Ⅱ　　　　5급Ⅱ 6급 5급Ⅱ 7급Ⅱ

晝短夜長(주단야장)　　↔　　晝長夜短(주장야단)　　　　下意上達(하의상달)　　↔　　上意下達(상의하달)
6급 6급Ⅱ 6급 8급　　　　　　6급 8급 6급 6급Ⅱ　　　　　　7급Ⅱ 6급Ⅱ 7급Ⅱ 4급Ⅱ　　　　7급Ⅱ 6급Ⅱ 7급Ⅱ 4급Ⅱ

歌(가) 7급	_	曲(곡) 5급	監(감) 4급II	_	察(찰) 4급II	堅(견) 4급	_	強(강) 6급
街(가) 4급II	_	道(도) 7급II	強(강) 6급	_	健(건) 5급	堅(견) 4급	_	固(고) 5급
街(가) 4급II	_	路(로) 6급	強(강) 6급	_	固(고) 5급	結(결) 5급II	_	構(구) 4급
家(가) 7급II	_	室(실) 8급	江(강) 7급II	_	河(하) 5급	決(결) 5급II	_	斷(단) 4급II
歌(가) 7급	_	樂(악) 6급II	降(강) 4급	_	下(하) 7급II	潔(결) 4급II	_	白(백) 8급
家(가) 7급II	_	屋(옥) 5급	講(강) 4급II	_	解(해) 4급II	結(결) 5급II	_	束(속) 5급II
歌(가) 7급	_	謠(요) 4급II	客(객) 5급II	_	旅(려) 5급II	結(결) 5급II	_	約(약) 5급II
加(가) 5급	_	增(증) 4급II	居(거) 4급	_	家(가) 7급II	決(결) 5급II	_	判(판) 4급
歌(가) 7급	_	唱(창) 5급	巨(거) 4급	_	大(대) 8급	警(경) 4급II	_	覺(각) 4급
家(가) 7급II	_	宅(택) 5급II	擧(거) 5급	_	動(동) 7급II	境(경) 4급II	_	界(계) 6급II
家(가) 7급II	_	戶(호) 4급II	居(거) 4급	_	留(류) 4급II	警(경) 4급II	_	戒(계) 4급
簡(간) 4급	_	略(략) 4급	居(거) 4급	_	住(주) 7급	經(경) 4급II	_	過(과) 5급II
簡(간) 4급	_	擇(택) 4급	建(건) 5급	_	立(립) 7급II	景(경) 5급	_	光(광) 6급II
感(감) 6급	_	覺(각) 4급	檢(검) 4급II	_	督(독) 4급II	京(경) 6급	_	都(도) 5급
監(감) 4급II	_	觀(관) 5급II	檢(검) 4급II	_	査(사) 5급	經(경) 4급II	_	歷(력) 5급II
減(감) 4급II	_	省(생) 6급II	檢(검) 4급II	_	察(찰) 4급II	經(경) 4급II	_	理(리) 6급II
減(감) 4급II	_	損(손) 4급	激(격) 4급	_	烈(렬) 4급	慶(경) 4급II	_	福(복) 5급II
監(감) 4급II	_	視(시) 4급II	格(격) 5급II	_	式(식) 6급	境(경) 4급II	_	域(역) 4급
敢(감) 4급	_	勇(용) 6급II	擊(격) 4급	_	打(타) 5급	經(경) 4급II	_	營(영) 4급

競(경) 5급	爭(쟁) 5급	穀(곡) 4급	糧(량) 4급	光(광) 6급II	明(명) 6급II
慶(경) 4급II	祝(축) 5급	困(곤) 4급	窮(궁) 4급	廣(광) 5급II	博(박) 4급II
界(계) 6급II	境(경) 4급II	攻(공) 4급	擊(격) 4급	光(광) 6급II	色(색) 7급
階(계) 4급	級(급) 6급	共(공) 6급II	同(동) 7급	敎(교) 8급	訓(훈) 6급
階(계) 4급	段(단) 4급	攻(공) 4급	伐(벌) 4급II	究(구) 4급II	考(고) 5급
季(계) 4급	末(말) 5급	工(공) 7급II	作(작) 6급II	舊(구) 5급II	故(고) 4급II
計(계) 6급II	算(산) 7급	工(공) 7급II	造(조) 4급II	區(구) 6급	別(별) 6급
繼(계) 4급	續(속) 4급II	攻(공) 4급	討(토) 4급	區(구) 6급	分(분) 6급II
計(계) 6급II	數(수) 7급	空(공) 7급II	虛(허) 4급II	具(구) 5급II	備(비) 4급II
繼(계) 4급	承(승) 4급II	果(과) 6급II	敢(감) 4급	區(구) 6급	域(역) 4급
界(계) 6급II	域(역) 4급	過(과) 5급II	去(거) 5급	救(구) 5급	援(원) 4급
季(계) 4급	節(절) 5급II	科(과) 6급II	目(목) 6급	救(구) 5급	濟(제) 4급II
階(계) 4급	層(층) 4급	果(과) 6급II	實(실) 5급II	構(구) 4급	造(조) 4급II
故(고) 4급II	舊(구) 5급II	過(과) 5급II	失(실) 6급	構(구) 4급	築(축) 4급II
考(고) 5급	究(구) 4급II	過(과) 5급II	誤(오) 4급II	群(군) 4급	黨(당) 4급II
苦(고) 6급	難(난) 4급II	課(과) 5급II	程(정) 4급II	軍(군) 8급	旅(려) 5급II
孤(고) 4급	獨(독) 5급II	觀(관) 5급II	覽(람) 4급	軍(군) 8급	兵(병) 5급II
考(고) 5급	慮(려) 4급	管(관) 4급	理(리) 6급II	軍(군) 8급	士(사) 5급II
告(고) 5급II	白(백) 8급	觀(관) 5급II	視(시) 4급II	君(군) 4급	王(왕) 8급
告(고) 5급II	示(시) 5급	關(관) 5급II	與(여) 4급	郡(군) 6급	邑(읍) 7급
高(고) 6급II	卓(탁) 5급	觀(관) 5급II	察(찰) 4급II	君(군) 4급	主(주) 7급

群(군) 4급	衆(중) 4급Ⅱ	均(균) 4급	調(조) 5급Ⅱ	冷(냉) 5급	寒(한) 5급
屈(굴) 4급	曲(곡) 5급	均(균) 4급	平(평) 7급Ⅱ	勞(노) 5급Ⅱ	勤(근) 4급
屈(굴) 4급	折(절) 4급	極(극) 4급Ⅱ	窮(궁) 4급	努(노) 4급Ⅱ	力(력) 7급Ⅱ
宮(궁) 4급Ⅱ	家(가) 7급Ⅱ	極(극) 4급Ⅱ	端(단) 4급Ⅱ	勞(노) 5급Ⅱ	務(무) 4급Ⅱ
窮(궁) 4급	困(곤) 4급	極(극) 4급Ⅱ	盡(진) 4급	綠(녹) 6급	靑(청) 8급
窮(궁) 4급	究(구) 4급Ⅱ	根(근) 6급	本(본) 6급	論(논) 4급Ⅱ	議(의) 4급Ⅱ
窮(궁) 4급	極(극) 4급Ⅱ	金(금) 8급	鐵(철) 5급	斷(단) 4급Ⅱ	決(결) 5급Ⅱ
窮(궁) 4급	盡(진) 4급	急(급) 6급Ⅱ	速(속) 6급	段(단) 4급	階(계) 4급
勸(권) 4급	勉(면) 4급	給(급) 5급	與(여) 4급	單(단) 4급Ⅱ	獨(독) 5급Ⅱ
勸(권) 4급	獎(장) 4급	器(기) 4급Ⅱ	具(구) 5급Ⅱ	端(단) 4급Ⅱ	末(말) 5급
權(권) 4급Ⅱ	稱(칭) 4급	記(기) 7급Ⅱ	錄(록) 4급Ⅱ	團(단) 5급Ⅱ	圓(원) 4급Ⅱ
貴(귀) 5급	重(중) 7급	起(기) 4급Ⅱ	立(립) 7급Ⅱ	斷(단) 4급Ⅱ	切(절) 5급Ⅱ
規(규) 5급	格(격) 5급Ⅱ	起(기) 4급Ⅱ	發(발) 6급Ⅱ	斷(단) 4급Ⅱ	絶(절) 4급Ⅱ
規(규) 5급	例(례) 6급	技(기) 5급	術(술) 6급Ⅱ	端(단) 4급Ⅱ	正(정) 7급Ⅱ
規(규) 5급	範(범) 4급	己(기) 5급Ⅱ	身(신) 6급Ⅱ	達(달) 4급Ⅱ	成(성) 6급Ⅱ
規(규) 5급	式(식) 6급	技(기) 5급	藝(예) 4급Ⅱ	達(달) 4급Ⅱ	通(통) 6급
規(규) 5급	律(율) 4급Ⅱ	記(기) 7급Ⅱ	識(지) 5급Ⅱ	談(담) 5급	說(설) 5급Ⅱ
規(규) 5급	則(칙) 5급	羅(나) 4급Ⅱ	列(열) 4급Ⅱ	談(담) 5급	言(언) 6급
規(규) 5급	度(탁) 6급	難(난) 4급Ⅱ	苦(고) 6급	擔(담) 4급Ⅱ	任(임) 5급Ⅱ
均(균) 4급	等(등) 6급Ⅱ	納(납) 4급	入(입) 7급	談(담) 5급	話(화) 7급Ⅱ

堂(당) 6급II	_	室(실) 8급	頭(두) 6급	_	首(수) 5급II	朴(박) 6급	_	素(소) 4급II
大(대) 8급	_	巨(거) 4급	等(등) 6급II	_	級(급) 6급	朴(박) 6급	_	質(질) 5급II
到(도) 5급II	_	達(달) 4급II	等(등) 6급II	_	類(류) 5급II	發(발) 6급II	_	起(기) 4급II
徒(도) 4급	_	黨(당) 4급II	末(말) 5급	_	端(단) 4급II	發(발) 6급II	_	射(사) 4급
道(도) 7급II	_	路(로) 6급	每(매) 7급II	_	常(상) 4급II	發(발) 5급II	_	展(전) 6급II
道(도) 7급II	_	理(리) 6급II	面(면) 7급	_	容(용) 4급II	方(방) 7급II	_	道(도) 7급II
逃(도) 4급	_	亡(망) 5급	明(명) 6급II	_	光(광) 6급II	方(방) 7급II	_	正(정) 7급II
都(도) 5급	_	市(시) 7급II	明(명) 6급II	_	朗(랑) 5급II	妨(방) 4급	_	害(해) 5급II
都(도) 5급	_	邑(읍) 7급	命(명) 7급	_	令(령) 5급	配(배) 4급II	_	分(분) 6급II
導(도) 4급II	_	引(인) 4급II	明(명) 6급II	_	白(백) 8급	番(번) 6급	_	第(제) 6급II
盜(도) 4급	_	賊(적) 4급	名(명) 7급II	_	稱(칭) 4급	番(번) 6급	_	次(차) 4급II
到(도) 5급II	_	着(착) 5급II	名(명) 7급II	_	號(호) 6급	法(법) 5급II	_	規(규) 5급
逃(도) 4급	_	避(피) 4급	毛(모) 4급II	_	髮(발) 4급	法(법) 5급II	_	度(도) 6급
圖(도) 6급II	_	畫(화) 6급	模(모) 4급	_	範(범) 4급	法(법) 5급II	_	例(례) 6급
導(도) 4급II	_	訓(훈) 6급	文(문) 7급	_	書(서) 6급II	法(법) 5급II	_	律(률) 4급II
獨(독) 5급II	_	孤(고) 4급	文(문) 7급	_	章(장) 6급	法(법) 5급II	_	式(식) 6급
毒(독) 4급II	_	害(해) 5급II	門(문) 8급	_	戶(호) 4급II	法(법) 5급II	_	典(전) 5급II
同(동) 7급	_	等(등) 6급II	物(물) 7급II	_	件(건) 5급	法(법) 5급II	_	則(칙) 5급
洞(동) 7급	_	里(리) 7급	物(물) 7급II	_	品(품) 5급II	變(변) 5급II	_	改(개) 5급
同(동) 7급	_	一(일) 8급	美(미) 6급	_	麗(려) 4급II	變(변) 5급II	_	更(경) 4급

變(변) 5급Ⅱ	易(역) 4급	部(부) 6급Ⅱ	類(류) 5급Ⅱ	査(사) 5급	察(찰) 4급Ⅱ
邊(변) 4급Ⅱ	際(제) 4급Ⅱ	副(부) 4급Ⅱ	次(차) 4급Ⅱ	舍(사) 4급Ⅱ	宅(택) 5급Ⅱ
變(변) 5급Ⅱ	革(혁) 4급	分(분) 6급Ⅱ	區(구) 6급	社(사) 6급Ⅱ	會(회) 6급Ⅱ
變(변) 5급Ⅱ	化(화) 5급Ⅱ	分(분) 6급Ⅱ	配(배) 4급Ⅱ	産(산) 5급Ⅱ	生(생) 8급
別(별) 6급	離(리) 4급	分(분) 6급Ⅱ	別(별) 6급	算(산) 7급	數(수) 7급
別(별) 6급	選(선) 5급	費(비) 5급	用(용) 6급Ⅱ	想(상) 4급Ⅱ	念(념) 5급Ⅱ
別(별) 6급	差(차) 4급	批(비) 4급	評(평) 4급	商(상) 5급Ⅱ	量(량) 5급
兵(병) 5급Ⅱ	士(사) 5급Ⅱ	貧(빈) 4급Ⅱ	困(곤) 4급	想(상) 4급Ⅱ	思(사) 5급
兵(병) 5급Ⅱ	卒(졸) 5급Ⅱ	貧(빈) 4급Ⅱ	窮(궁) 4급	狀(상) 4급Ⅱ	態(태) 4급Ⅱ
病(병) 6급	患(환) 5급	査(사) 5급	檢(검) 4급Ⅱ	省(생) 6급Ⅱ	減(감) 4급Ⅱ
報(보) 4급Ⅱ	告(고) 5급Ⅱ	思(사) 5급	考(고) 5급	省(생) 6급Ⅱ	略(략) 4급
報(보) 4급Ⅱ	道(도) 7급Ⅱ	思(사) 5급	念(념) 5급Ⅱ	生(생) 8급	産(산) 5급Ⅱ
保(보) 4급Ⅱ	衛(위) 4급Ⅱ	思(사) 5급	慮(려) 4급	生(생) 8급	出(출) 7급
保(보) 4급Ⅱ	護(호) 4급Ⅱ	使(사) 6급	令(령) 5급	生(생) 8급	活(활) 7급Ⅱ
福(복) 5급Ⅱ	慶(경) 4급Ⅱ	事(사) 7급Ⅱ	務(무) 4급Ⅱ	書(서) 6급Ⅱ	籍(적) 4급
本(본) 6급	根(근) 6급	士(사) 5급Ⅱ	兵(병) 5급Ⅱ	書(서) 6급Ⅱ	冊(책) 4급
本(본) 6급	源(원) 4급	思(사) 5급	想(상) 4급Ⅱ	善(선) 5급	良(량) 5급Ⅱ
奉(봉) 5급Ⅱ	仕(사) 5급Ⅱ	辭(사) 4급	說(설) 5급Ⅱ	鮮(선) 5급Ⅱ	麗(려) 4급Ⅱ
奉(봉) 5급Ⅱ	承(승) 4급Ⅱ	事(사) 7급Ⅱ	業(업) 6급Ⅱ	選(선) 5급	別(별) 6급
部(부) 6급Ⅱ	隊(대) 4급Ⅱ	舍(사) 4급Ⅱ	屋(옥) 5급	選(선) 5급	擇(택) 4급

設(설) 4급II	_	施(시) 4급II	修(수) 4급II	_	習(습) 6급	身(신) 6급II	_	體(체) 6급II

設(설) 4급II	_	施(시) 4급II	修(수) 4급II	_	習(습) 6급	身(신) 6급II	_	體(체) 6급II
說(설) 5급II	_	話(화) 7급II	授(수) 4급II	_	與(여) 4급	室(실) 8급	_	家(가) 7급II
性(성) 5급II	_	心(심) 7급	守(수) 4급II	_	衛(위) 4급II	實(실) 5급II	_	果(과) 6급II
姓(성) 7급II	_	氏(씨) 4급	肅(숙) 4급	_	嚴(엄) 4급	失(실) 6급	_	敗(패) 5급
聲(성) 4급II	_	音(음) 6급II	宿(숙) 5급II	_	寢(침) 4급	心(심) 7급	_	性(성) 5급II
省(성) 6급II	_	察(찰) 4급II	純(순) 4급II	_	潔(결) 4급II	兒(아) 5급II	_	童(동) 6급II
成(성) 6급II	_	就(취) 4급	術(술) 6급II	_	藝(예) 4급II	樂(악) 6급II	_	歌(가) 7급
世(세) 7급II	_	界(계) 6급II	崇(숭) 4급	_	高(고) 6급II	安(안) 7급II	_	康(강) 4급II
世(세) 7급II	_	代(대) 6급II	習(습) 6급	_	練(련) 5급II	眼(안) 4급II	_	目(목) 6급
素(소) 4급II	_	朴(박) 6급	習(습) 6급	_	學(학) 8급	安(안) 7급II	_	全(전) 7급II
素(소) 4급II	_	質(질) 5급II	承(승) 4급II	_	繼(계) 4급	安(안) 7급II	_	平(평) 7급II
損(손) 4급	_	減(감) 4급II	承(승) 4급II	_	奉(봉) 5급II	約(약) 5급II	_	結(결) 5급II
損(손) 4급	_	傷(상) 4급	時(시) 7급II	_	期(기) 5급	略(약) 4급	_	省(생) 6급II
損(손) 4급	_	失(실) 6급	施(시) 4급II	_	設(설) 4급II	約(약) 5급II	_	束(속) 5급II
損(손) 4급	_	害(해) 5급II	始(시) 6급II	_	創(창) 4급II	糧(양) 4급	_	穀(곡) 4급
秀(수) 4급	_	傑(걸) 4급	始(시) 6급II	_	初(초) 5급	良(양) 5급II	_	善(선) 5급
首(수) 5급II	_	頭(두) 6급	試(시) 4급II	_	驗(험) 4급II	養(양) 5급II	_	育(육) 7급
受(수) 4급II	_	領(령) 5급	式(식) 6급	_	例(례) 6급	樣(양) 4급	_	態(태) 4급II
樹(수) 6급	_	林(림) 7급	式(식) 6급	_	典(전) 5급II	良(양) 5급II	_	好(호) 4급II
樹(수) 6급	_	木(목) 8급	申(신) 4급II	_	告(고) 5급II	語(어) 7급	_	辭(사) 4급

言(언) 6급	_	談(담) 5급	永(영) 6급	_	遠(원) 6급	怨(원) 4급	_	恨(한) 4급
言(언) 6급	_	辭(사) 4급	領(영) 5급	_	統(통) 4급Ⅱ	偉(위) 5급Ⅱ	_	大(대) 8급
言(언) 6급	_	說(설) 5급Ⅱ	英(영) 6급	_	特(특) 6급	委(위) 4급	_	任(임) 5급Ⅱ
言(언) 6급	_	語(어) 7급	榮(영) 4급Ⅱ	_	華(화) 4급	儒(유) 4급	_	士(사) 5급Ⅱ
嚴(엄) 4급	_	肅(숙) 4급	例(예) 6급	_	規(규) 5급	遺(유) 4급	_	失(실) 6급
業(업) 6급Ⅱ	_	務(무) 4급Ⅱ	例(예) 6급	_	法(법) 5급Ⅱ	留(유) 4급Ⅱ	_	住(주) 7급
業(업) 6급Ⅱ	_	事(사) 7급Ⅱ	藝(예) 4급Ⅱ	_	術(술) 6급Ⅱ	肉(육) 4급Ⅱ	_	身(신) 6급Ⅱ
餘(여) 4급Ⅱ	_	暇(가) 4급	例(예) 6급	_	式(식) 6급	育(육) 7급	_	養(양) 5급Ⅱ
旅(여) 5급Ⅱ	_	客(객) 5급Ⅱ	例(예) 6급	_	典(전) 5급Ⅱ	陸(육) 5급Ⅱ	_	地(지) 7급
麗(여) 4급Ⅱ	_	美(미) 6급	屋(옥) 5급	_	舍(사) 4급Ⅱ	肉(육) 4급Ⅱ	_	體(체) 6급Ⅱ
域(역) 4급	_	境(경) 4급Ⅱ	溫(온) 6급	_	暖(난) 4급Ⅱ	律(율) 4급Ⅱ	_	法(법) 5급Ⅱ
硏(연) 4급Ⅱ	_	究(구) 4급Ⅱ	完(완) 5급	_	全(전) 7급Ⅱ	隱(은) 4급	_	祕(비) 4급
年(연) 8급	_	歲(세) 5급Ⅱ	要(요) 5급Ⅱ	_	求(구) 4급Ⅱ	恩(은) 4급Ⅱ	_	惠(혜) 4급Ⅱ
連(연) 4급Ⅱ	_	續(속) 4급Ⅱ	料(요) 5급	_	量(량) 5급	音(음) 6급Ⅱ	_	聲(성) 4급Ⅱ
硏(연) 4급Ⅱ	_	修(수) 4급Ⅱ	料(요) 5급	_	度(탁) 6급	依(의) 4급	_	據(거) 4급
練(연) 5급Ⅱ	_	習(습) 6급	勇(용) 6급Ⅱ	_	敢(감) 4급	議(의) 4급Ⅱ	_	論(논) 4급Ⅱ
緣(연) 4급	_	因(인) 5급	用(용) 6급Ⅱ	_	費(비) 5급	衣(의) 6급	_	服(복) 6급
念(염) 5급Ⅱ	_	慮(려) 4급	運(운) 6급Ⅱ	_	動(동) 7급Ⅱ	意(의) 6급Ⅱ	_	思(사) 5급
念(염) 5급Ⅱ	_	想(상) 4급Ⅱ	援(원) 4급	_	救(구) 5급	意(의) 6급Ⅱ	_	義(의) 4급Ⅱ
領(영) 5급	_	受(수) 4급Ⅱ	願(원) 5급	_	望(망) 5급Ⅱ	意(의) 6급Ⅱ	_	志(지) 4급Ⅱ

意(의) 6급II	_ 趣(취) 4급	爭(쟁) 5급	_ 競(경) 5급	絕(절) 4급II	_ 斷(단) 4급II
離(이) 4급	_ 別(별) 6급	爭(쟁) 5급	_ 鬪(투) 4급	接(접) 4급II	_ 續(속) 4급II
移(이) 4급II	_ 運(운) 6급II	貯(저) 5급	_ 積(적) 4급	停(정) 5급	_ 留(류) 4급II
利(이) 6급II	_ 益(익) 4급II	貯(저) 5급	_ 蓄(축) 4급II	正(정) 7급II	_ 方(방) 7급II
移(이) 4급II	_ 轉(전) 4급	賊(적) 4급	_ 盜(도) 4급	情(정) 5급II	_ 意(의) 6급II
引(인) 4급II	_ 導(도) 4급II	積(적) 4급	_ 貯(저) 5급	停(정) 5급	_ 住(주) 7급
認(인) 4급II	_ 識(식) 5급II	積(적) 4급	_ 蓄(축) 4급II	停(정) 5급	_ 止(지) 5급
因(인) 5급	_ 緣(연) 4급	典(전) 5급II	_ 例(례) 6급	正(정) 7급II	_ 直(직) 7급II
認(인) 4급II	_ 知(지) 5급II	典(전) 5급II	_ 範(범) 4급	除(제) 4급II	_ 減(감) 4급II
一(일) 8급	_ 同(동) 7급	典(전) 5급II	_ 法(법) 5급II	題(제) 6급II	_ 目(목) 6급
入(입) 7급	_ 納(납) 4급	典(전) 5급II	_ 式(식) 6급	帝(제) 4급	_ 王(왕) 8급
自(자) 7급II	_ 己(기) 5급II	全(전) 7급II	_ 完(완) 5급	製(제) 4급II	_ 作(작) 6급II
資(자) 4급	_ 財(재) 5급II	典(전) 5급II	_ 律(율) 4급II	製(제) 4급II	_ 造(조) 4급II
資(자) 4급	_ 質(질) 5급II	轉(전) 4급	_ 移(이) 4급II	第(제) 6급II	_ 次(차) 4급II
資(자) 4급	_ 貨(화) 4급II	戰(전) 6급II	_ 爭(쟁) 5급	第(제) 6급II	_ 宅(택) 5급II
殘(잔) 4급	_ 餘(여) 4급II	典(전) 5급II	_ 籍(적) 4급	調(조) 5급II	_ 均(균) 4급
獎(장) 4급	_ 勸(권) 4급	戰(전) 6급II	_ 鬪(투) 4급	早(조) 4급II	_ 速(속) 6급
才(재) 6급II	_ 術(술) 6급II	轉(전) 4급	_ 回(회) 4급II	造(조) 4급II	_ 作(작) 6급II
才(재) 6급II	_ 藝(예) 4급II	節(절) 5급II	_ 季(계) 4급	組(조) 4급	_ 織(직) 4급
財(재) 5급II	_ 貨(화) 4급II	切(절) 5급II	_ 斷(단) 4급II	調(조) 5급II	_ 和(화) 6급II

尊(존) 4급II	_	高(고) 6급II	珍(진) 4급	_	寶(보) 4급II	冊(책) 4급	_	書(서) 6급II

尊(존) 4급II _ 高(고) 6급II 　珍(진) 4급 _ 寶(보) 4급II 　冊(책) 4급 _ 書(서) 6급II

尊(존) 4급II _ 貴(귀) 5급 　眞(진) 4급II _ 實(실) 5급II 　責(책) 5급II _ 任(임) 5급II

尊(존) 4급II _ 崇(숭) 4급 　進(진) 4급II _ 出(출) 7급 　淸(청) 6급II _ 潔(결) 4급II

存(존) 4급 _ 在(재) 6급 　進(진) 4급II _ 就(취) 4급 　靑(청) 8급 _ 綠(록) 6급

卒(졸) 5급II _ 兵(병) 5급II 　質(질) 5급II _ 朴(박) 6급 　聽(청) 4급 _ 聞(문) 6급II

終(종) 5급 _ 結(결) 5급II 　質(질) 5급II _ 素(소) 4급II 　體(체) 6급II _ 身(신) 6급II

終(종) 5급 _ 端(단) 4급II 　質(질) 5급II _ 正(정) 7급II 　初(초) 5급 _ 創(창) 4급II

終(종) 5급 _ 末(말) 5급 　集(집) 6급II _ 團(단) 5급II 　村(촌) 7급 _ 落(락) 5급

終(종) 5급 _ 止(지) 5급 　集(집) 6급II _ 會(회) 6급II 　村(촌) 7급 _ 里(리) 7급

座(좌) 4급 _ 席(석) 6급 　差(차) 4급 _ 別(별) 6급 　寸(촌) 8급 _ 節(절) 5급II

罪(죄) 5급 _ 過(과) 5급II 　差(차) 4급 _ 異(이) 4급 　祝(축) 5급 _ 慶(경) 4급II

住(주) 7급 _ 居(거) 4급 　次(차) 4급II _ 第(제) 6급II 　築(축) 4급II _ 構(구) 4급

主(주) 7급 _ 君(군) 4급 　察(찰) 4급II _ 見(견) 5급II 　蓄(축) 4급II _ 積(적) 4급

州(주) 5급II _ 郡(군) 6급 　察(찰) 4급II _ 觀(관) 5급II 　出(출) 7급 _ 生(생) 8급

周(주) 4급 _ 圍(위) 4급 　參(참) 5급II _ 與(여) 4급 　充(충) 5급II _ 滿(만) 4급II

朱(주) 4급 _ 紅(홍) 4급 　唱(창) 5급 _ 歌(가) 7급 　趣(취) 4급 _ 意(의) 6급II

重(중) 7급 _ 複(복) 4급 　創(창) 4급II _ 始(시) 6급II 　測(측) 4급II _ 度(탁) 6급

增(증) 4급II _ 加(가) 5급 　創(창) 4급II _ 作(작) 6급II 　層(층) 4급 _ 階(계) 4급

知(지) 5급II _ 識(식) 5급II 　創(창) 4급II _ 初(초) 5급 　治(치) 4급II _ 理(리) 6급II

志(지) 4급II _ 意(의) 6급II 　採(채) 4급 _ 擇(택) 4급 　侵(침) 4급II _ 犯(범) 4급

打(타) 5급	擊(격) 4급	平(평) 7급Ⅱ	均(균) 4급	解(해) 4급Ⅱ	放(방) 6급Ⅱ
度(탁) 6급	量(량) 5급	平(평) 7급Ⅱ	等(등) 6급Ⅱ	解(해) 4급Ⅱ	散(산) 4급
探(탐) 4급	求(구) 4급Ⅱ	平(평) 7급Ⅱ	安(안) 7급Ⅱ	解(해) 4급Ⅱ	消(소) 6급Ⅱ
探(탐) 4급	訪(방) 4급Ⅱ	平(평) 7급Ⅱ	和(화) 6급Ⅱ	害(해) 5급Ⅱ	損(손) 4급
態(태) 4급Ⅱ	樣(양) 4급	包(포) 4급Ⅱ	容(용) 4급Ⅱ	海(해) 7급Ⅱ	洋(양) 6급
宅(택) 5급Ⅱ	舍(사) 4급Ⅱ	包(포) 4급Ⅱ	圍(위) 4급	行(행) 6급	動(동) 7급Ⅱ
討(토) 4급	伐(벌) 4급Ⅱ	品(품) 5급Ⅱ	件(건) 5급	行(행) 6급	爲(위) 4급Ⅱ
土(토) 8급	地(지) 7급	品(품) 5급Ⅱ	物(물) 7급Ⅱ	鄕(향) 4급Ⅱ	村(촌) 7급
洞(통) 7급	達(달) 4급Ⅱ	豊(풍) 4급Ⅱ	足(족) 7급Ⅱ	許(허) 5급	可(가) 5급
通(통) 6급	達(달) 4급Ⅱ	豊(풍) 4급Ⅱ	厚(후) 4급	虛(허) 4급Ⅱ	空(공) 7급Ⅱ
統(통) 4급Ⅱ	領(령) 5급	疲(피) 4급	困(곤) 4급	虛(허) 4급Ⅱ	無(무) 5급
洞(통) 7급	通(통) 6급	疲(피) 4급	勞(로) 5급Ⅱ	憲(헌) 4급	法(법) 5급Ⅱ
統(통) 4급Ⅱ	合(합) 6급	下(하) 7급Ⅱ	降(강) 4급	賢(현) 4급Ⅱ	良(량) 5급Ⅱ
鬪(투) 4급	爭(쟁) 5급	河(하) 5급	川(천) 7급	顯(현) 4급	現(현) 6급Ⅱ
鬪(투) 4급	戰(전) 6급Ⅱ	學(학) 8급	習(습) 6급	協(협) 4급Ⅱ	和(화) 6급Ⅱ
特(특) 6급	異(이) 4급	寒(한) 5급	冷(랭) 5급	刑(형) 4급	罰(벌) 4급Ⅱ
判(판) 4급	決(결) 5급Ⅱ	恨(한) 4급	歎(탄) 4급	形(형) 6급Ⅱ	象(상) 4급
敗(패) 5급	亡(망) 5급	抗(항) 4급	拒(거) 4급	形(형) 6급Ⅱ	式(식) 6급
敗(패) 5급	北(배) 8급	航(항) 4급Ⅱ	船(선) 5급	形(형) 6급Ⅱ	容(용) 4급Ⅱ
便(편) 7급	安(안) 7급Ⅱ	害(해) 5급Ⅱ	毒(독) 4급Ⅱ	形(형) 6급Ⅱ	態(태) 4급Ⅱ

惠(혜) 4급Ⅱ	_	恩(은) 4급Ⅱ	和(화) 6급Ⅱ	_	協(협) 4급Ⅱ
混(혼) 4급	_	亂(란) 4급	確(확) 4급Ⅱ	_	固(고) 5급
混(혼) 4급	_	雜(잡) 4급	歡(환) 4급	_	喜(희) 4급
畫(화) 6급	_	圖(도) 6급Ⅱ	回(회) 4급Ⅱ	_	歸(귀) 4급
化(화) 5급Ⅱ	_	變(변) 5급Ⅱ	會(회) 6급Ⅱ	_	社(사) 6급Ⅱ
話(화) 7급Ⅱ	_	說(설) 5급Ⅱ	回(회) 4급Ⅱ	_	轉(전) 4급
話(화) 7급Ⅱ	_	言(언) 6급	會(회) 6급Ⅱ	_	集(집) 6급Ⅱ
貨(화) 4급Ⅱ	_	財(재) 5급Ⅱ	訓(훈) 6급	_	敎(교) 8급
和(화) 6급Ⅱ	_	平(평) 7급Ⅱ	訓(훈) 6급	_	導(도) 4급Ⅱ

休(휴) 7급	_	息(식) 4급Ⅱ
凶(흉) 5급Ⅱ	_	惡(악) 5급Ⅱ
凶(흉) 5급Ⅱ	_	暴(포) 4급Ⅱ
吸(흡) 4급Ⅱ	_	飮(음) 6급Ⅱ
興(흥) 4급Ⅱ	_	起(기) 4급Ⅱ
喜(희) 4급	_	樂(락) 6급Ⅱ
希(희) 4급Ⅱ	_	望(망) 5급Ⅱ
希(희) 4급Ⅱ	_	願(원) 5급

유의어(類義語) – 뜻이 비슷한 한자어(漢字語)

價格(가격) 5급II 5급II	價額(가액) 5급II 4급	儉約(검약) 4급 5급II	節約(절약) 5급II 5급II	窮民(궁민) 4급 8급	難民(난민) 4급II 8급
家産(가산) 7급II 5급II	家財(가재) 7급II 5급II	缺點(결점) 4급II 4급	短點(단점) 6급II 4급	貴家(귀가) 5급 7급II	尊宅(존택) 4급II 5급II
家長(가장) 7급II 8급	戶主(호주) 4급II 7급	更正(경정) 4급II 7급II	改正(개정) 5급 7급II	極力(극력) 4급II 7급II	盡力(진력) 4급 7급II
家族(가족) 7급II 6급	食口(식구) 7급II 7급	傾向(경향) 4급 6급	動向(동향) 7급II 6급	給料(급료) 5급 5급	給與(급여) 5급 4급
家風(가풍) 7급II 6급II	門風(문풍) 8급 6급II	計略(계략) 6급II 4급	方略(방략) 7급II 4급	急所(급소) 6급II 7급	要點(요점) 5급II 4급
家訓(가훈) 7급II 6급	家敎(가교) 7급II 8급	高見(고견) 6급II 5급II	尊意(존의) 4급II 6급II	器量(기량) 4급II 5급	才能(재능) 6급II 5급
各別(각별) 6급II 6급	特別(특별) 6급 6급	高官(고관) 6II 4급	顯職(현직) 4급 4급II	氣品(기품) 7급II 5급II	風格(풍격) 6급II 5급II
各地(각지) 6급II 7급	各所(각소) 6급II 7급	故國(고국) 4급II 8급	祖國(조국) 7급 8급	校內(교내) 8급 7급II	學內(학내) 8급 7급II
簡冊(간책) 4급 4급	竹簡(죽간) 4급II 4급	考量(고량) 5급 5급	思料(사료) 5급 5급	窮氣(궁기) 4급 7급II	窮色(궁색) 4급 7급
甲富(갑부) 4급 4급II	首富(수부) 5급 4급II	故友(고우) 4급II 5급II	故舊(고구) 4급II 5급II	權術(권술) 4급II 6급II	權數(권수) 4급II 7급
講士(강사) 4급II 5급II	演士(연사) 4급II 5급II	曲解(곡해) 5급 4급II	誤解(오해) 4급II 4급II	歸鄕(귀향) 4급 4급II	歸省(귀성) 4급 6급II
開國(개국) 6급 8급	建國(건국) 5급 8급	共感(공감) 6급II 6급	同感(동감) 7급 6급	暖風(난풍) 4급II 6급II	溫風(온풍) 6급 6급II
改良(개량) 5급 5급II	改善(개선) 5급 5급	空白(공백) 7급II 8급	餘白(여백) 4급II 8급	勞作(노작) 5급II 6급II	力作(역작) 7급II 6급II
客地(객지) 5급II 7급	他鄕(타향) 5급II 4급II	功業(공업) 6급II 6급II	功烈(공렬) 6급II 4급	來歷(내력) 7급 5급II	由來(유래) 6급 7급
更生(갱생) 4급 8급	再生(재생) 5급 8급	過激(과격) 5급II 4급	急進(급진) 6급II 4급II	內子(내자) 7급II 7급II	室人(실인) 8급 8급
擧國(거국) 5급 8급	全國(전국) 7급II 8급	過飮(과음) 5II 6급II	長酒(장주) 8급 4급	能辯(능변) 5급II 4급	達辯(달변) 4급II 4급
居民(거민) 4급 8급	住民(주민) 7급 8급	廣才(광재) 5II 6급II	秀才(수재) 4급 6급II	多識(다식) 6급 5급II	博識(박식) 4급II 5급II
巨商(거상) 4급 5급II	大商(대상) 8급 5급II	管見(관견) 4급 5급II	短見(단견) 6급II 5급II	答信(답신) 7급II 6급II	回信(회신) 4급II 6급II
傑作(걸작) 4급 6급II	名作(명작) 7급II 6급II	求婚(구혼) 4급II 4급	請婚(청혼) 4급II 4급	當到(당도) 5급II 5급II	到達(도달) 5급II 4급II

大寶(대보) 8급 4급II	至寶(지보) 4급II 4급II	方法(방법) 7급II 5급II	手段(수단) 7급II 4급	善治(선치) 5급 4급II	善政(선정) 5급 4급II
大商(대상) 8급 5급II	巨商(거상) 4급 5급II	配布(배포) 4급II 4급II	配達(배달) 4급II 4급II	說破(설파) 5급II 4급II	論破(논파) 4급II 4급II
待遇(대우) 6급 4급	處遇(처우) 4급II 4급	病席(병석) 6급 6급	病床(병상) 6급 4급II	性格(성격) 5급II 5급II	氣質(기질) 7급II 5급II
大河(대하) 8급 5급	長江(장강) 8급 7급II	步行(보행) 4급II 6급	徒步(도보) 4급 4급II	成就(성취) 6급II 4급	達成(달성) 4급II 6급II
同甲(동갑) 7급 4급	同齒(동치) 7급 4급II	本國(본국) 6급 8급	自國(자국) 7급II 8급	世界(세계) 7급II 6급II	世上(세상) 7급II 7급II
童女(동녀) 6급 8급	少女(소녀) 7급 8급	父母(부모) 8급 8급	兩親(양친) 4급II 6급	歲初(세초) 5급II 5급	年頭(연두) 8급 6급
同窓(동창) 7급 6급II	同門(동문) 7급 8급	部門(부문) 6급II 8급	分野(분야) 6급II 6급	所望(소망) 7급 5급II	念願(염원) 5급II 5급
萬代(만대) 8급 6급II	萬世(만세) 8급 7급II	不運(불운) 7급II 6급II	悲運(비운) 4급II 6급II	所願(소원) 7급 5급	希望(희망) 4급II 5급II
名目(명목) 7급 6급	名色(명색) 7급II 7급	貧困(빈곤) 4급II 4급	困窮(곤궁) 4급 4급	素行(소행) 4급II 6급	品行(품행) 5급II 6급
名勝(명승) 7급II 6급	景勝(경승) 5급 6급	祕本(비본) 4급 6급	珍書(진서) 4급 6급II	俗論(속론) 4급II 4급II	流議(유의) 5급II 4급II
民心(민심) 8급 7급	人心(인심) 8급 7급	事前(사전) 7급II 7급II	未然(미연) 4급II 7급	送信(송신) 4급II 6급II	發信(발신) 6급II 6급II
密語(밀어) 4급II 7급	密談(밀담) 4급II 5급	私通(사통) 4급 6급	通情(통정) 6급 5급II	首領(수령) 5급II 5급	頭目(두목) 6급 6급
密通(밀통) 4급II 6급	暗通(암통) 4급II 6급	山林(산림) 8급 7급	隱士(은사) 4급 5급II	水魚(수어) 8급 5급	知己(지기) 5급II 5급II
無事(무사) 5급 7급II	安全(안전) 7급II 7급II	上古(상고) 7급II 6급	太古(태고) 6급 6급	收支(수지) 4급II 4급II	入出(입출) 7급 7급
武術(무술) 4급II 6급II	武藝(무예) 4급II 4급II	賞美(상미) 5급 6급	稱讚(칭찬) 4급 4급	勝景(승경) 6급 5급	名勝(명승) 7급II 6급
文面(문면) 7급 7급	書面(서면) 6급II 7급	商品(상품) 5급II 5급II	物件(물건) 7급II 5급	是非(시비) 4급II 4급II	黑白(흑백) 5급 8급
問候(문후) 7급 4급	問安(문안) 7급 7급II	狀況(상황) 4급II 4급	情勢(정세) 5급II 4급	視野(시야) 4급II 6급	眼界(안계) 4급II 6급II
妙藥(묘약) 4급 6급II	祕藥(비약) 4급 6급II	生育(생육) 8급 7급	生長(생장) 8급 8급	始祖(시조) 6급II 7급	鼻祖(비조) 5급 7급
發端(발단) 6급II 4급II	始作(시작) 6급II 6급II	先納(선납) 8급 4급	豫納(예납) 4급 4급	始終(시종) 6급II 5급	本末(본말) 6급 5급
發送(발송) 6급II 4급II	郵送(우송) 4급 4급II	先主(선주) 8급 7급	先王(선왕) 8급 8급	植木(식목) 7급 8급	植樹(식수) 7급 6급

食言(식언) 7급II 6급	_	負約(부약) 4급 5급II	遺風(유풍) 4급 6급II	_	遺俗(유속) 4급 4급II	定婚(정혼) 6급 4급	_	約婚(약혼) 5급II 4급

食言(식언) 7급II 6급	_	負約(부약) 4급 5급II	遺風(유풍) 4급 6급II	_	遺俗(유속) 4급 4급II	定婚(정혼) 6급 4급	_	約婚(약혼) 5급II 4급
失業(실업) 6급 6급II	_	失職(실직) 6급 4급II	育成(육성) 7급 6급II	_	養成(양성) 5급II 6급II	制憲(제헌) 4급II 4급	_	立憲(입헌) 7급II 4급
心友(심우) 7급 5급II	_	知音(지음) 5급II 6급II	意圖(의도) 6급II 6급II	_	意向(의향) 6급II 6급	操心(조심) 5급 7급	_	注意(주의) 6급II 6급II
安貧(안빈) 7급II 4급II	_	樂貧(낙빈) 6급II 4급II	異域(이역) 4급 4급	_	方外(방외) 7급II 8급	尊稱(존칭) 4급II 4급	_	敬稱(경칭) 5급II 4급
愛酒(애주) 6급 4급	_	好酒(호주) 4급II 4급	認可(인가) 4급II 5급	_	許可(허가) 5급 5급	尊體(존체) 4급II 6급II	_	玉體(옥체) 4급II 6급II
野合(야합) 6급 6급	_	內通(내통) 7급II 6급	人山(인산) 8급 8급	_	人海(인해) 8급 7급II	進步(진보) 4급II 4급II	_	向上(향상) 6급 7급II
餘生(여생) 4급II 8급	_	殘命(잔명) 4급 7급	一品(일품) 8급 5급II	_	絶品(절품) 4급II 5급II	進退(진퇴) 4급II 4급II	_	去就(거취) 5급 4급
力士(역사) 7급II 5급II	_	壯士(장사) 4급 5급II	入選(입선) 7급 5급	_	當選(당선) 5급II 5급	着工(착공) 5급II 7급II	_	起工(기공) 4급II 7급II
野合(야합) 6급 6급	_	私通(사통) 4급 6급	自然(자연) 7급II 7급	_	天然(천연) 7급 7급	草家(초가) 7급 7급II	_	草堂(초당) 7급 6급II
業績(업적) 6급II 4급	_	功績(공적) 6급II 4급	壯志(장지) 4급 4급II	_	雄志(웅지) 5급 4급II	招請(초청) 4급 4급II	_	招待(초대) 4급 6급
逆轉(역전) 4급II 4급	_	反轉(반전) 6급II 4급	壯年(장년) 4급 8급	_	盛年(성년) 4급II 8급	最高(최고) 5급 6급II	_	至上(지상) 4급II 7급II
然否(연부) 7급 4급	_	與否(여부) 4급 4급	爭論(쟁론) 5급 4급II	_	爭議(쟁의) 5급 4급II	親筆(친필) 6급 5급II	_	自筆(자필) 7급II 5급II
領域(영역) 5급 4급	_	分野(분야) 6급II 6급	轉居(전거) 4급 4급	_	移轉(이전) 4급II 4급	快調(쾌조) 4급II 5급II	_	好調(호조) 4급II 5급II
榮轉(영전) 4급II 4급	_	登進(등진) 7급 4급II	專決(전결) 4급 5급II	_	獨斷(독단) 5급II 4급II	他國(타국) 5급 8급	_	異國(이국) 4급 8급
豫納(예납) 4급 4급	_	先納(선납) 8급 4급	轉變(전변) 4급 5급II	_	變化(변화) 5급II 5급II	度地(탁지) 6급 7급	_	測地(측지) 4급II 7급
優待(우대) 4급 6급	_	厚待(후대) 4급 6급	戰術(전술) 6급II 6급II	_	兵法(병법) 5급II 5급II	痛感(통감) 4급 6급	_	切感(절감) 5급II 6급
運送(운송) 6급II 4급II	_	通運(통운) 6급 6급II	轉職(전직) 4급 4급II	_	移職(이직) 4급II 4급II	通例(통례) 6급 6급	_	常例(상례) 4급II 6급
原因(원인) 5급 5급	_	理由(이유) 6급II 6급	點火(점화) 4급 8급	_	着火(착화) 5급II 8급	痛歎(통탄) 4급 4급	_	悲歎(비탄) 4급II 4급
威儀(위의) 4급 4급	_	儀觀(의관) 4급 5급II	情勢(정세) 5급II 4급II	_	狀況(상황) 4급II 4급	特別(특별) 6급 6급	_	各別(각별) 6급II 6급
留級(유급) 4급II 6급	_	落第(낙제) 5급 6급II	情趣(정취) 5급II 4급	_	風情(풍정) 6급II 5급II	特酒(특주) 6급 4급	_	名酒(명주) 7급II 4급

評論(평론) 4급 4급Ⅱ	_	批評(비평) 4급 4급	合法(합법) 6급 5급Ⅱ	_	適法(적법) 4급 5급Ⅱ
平常(평상) 7급Ⅱ 4급Ⅱ	_	平素(평소) 7급Ⅱ 4급Ⅱ	抗爭(항쟁) 4급 5급	_	抗戰(항전) 4급 6급Ⅱ
暴落(폭락) 4급Ⅱ 5급	_	急落(급락) 6급Ⅱ 5급	海外(해외) 7급Ⅱ 8급	_	異域(이역) 4급 4급
品名(품명) 5급Ⅱ 7급Ⅱ	_	物名(물명) 7급Ⅱ 7급Ⅱ	顯職(현직) 4급 4급Ⅱ	_	達官(달관) 4급Ⅱ 4급Ⅱ
下技(하기) 7급Ⅱ 5급	_	末藝(말예) 5급 4급Ⅱ	血戰(혈전) 4급Ⅱ 6급Ⅱ	_	血鬪(혈투) 4급Ⅱ 4급
學內(학내) 8급 7급Ⅱ	_	校內(교내) 8급 7급Ⅱ	護國(호국) 4급Ⅱ 8급	_	衛國(위국) 4급Ⅱ 8급
合計(합계) 6급 6급Ⅱ	_	合算(합산) 6급 7급	活用(활용) 7급Ⅱ 6급Ⅱ	_	利用(이용) 6급Ⅱ 6급Ⅱ

黃泉(황천) 6급 4급	_	九泉(구천) 8급 4급
會得(회득) 6급Ⅱ 4급Ⅱ	_	理解(이해) 6급Ⅱ 4급Ⅱ
回路(회로) 4급Ⅱ 6급	_	歸路(귀로) 4급 6급
效力(효력) 5급Ⅱ 7급Ⅱ	_	效驗(효험) 5급Ⅱ 4급Ⅱ
訓戒(훈계) 6급 4급	_	勸戒(권계) 4급 4급

警覺心(경각심) 4급Ⅱ 4급 7급	–	警戒心(경계심) 4급Ⅱ 4급 7급	事業家(사업가) 7급Ⅱ 6급Ⅱ 7급Ⅱ
經驗談(경험담) 4급Ⅱ 4급Ⅱ 5급	–	體驗談(체험담) 6급Ⅱ 4급Ⅱ 5급	設計圖(설계도) 4급Ⅱ 6급Ⅱ 6급Ⅱ
孤兒院(고아원) 4급 5급Ⅱ 5급	–	保育院(보육원) 4급Ⅱ 7급 5급	新年辭(신년사) 6급Ⅱ 8급 4급
共通點(공통점) 6급Ⅱ 6급 4급	–	同一點(동일점) 7급 8급 4급	所有人(소유인) 7급 7급 8급
觀客席(관객석) 5급Ⅱ 5급Ⅱ 6급	–	觀覽席(관람석) 5급Ⅱ 4급 6급	受領人(수령인) 4급Ⅱ 5급 8급
敎育家(교육가) 8급 7급 7급Ⅱ	–	敎育者(교육자) 8급 7급 6급	宿命觀(숙명관) 5급Ⅱ 7급 5급Ⅱ
勤勞者(근로자) 4급 5급Ⅱ 6급	–	勞動者(노동자) 5급Ⅱ 7급Ⅱ 6급	勝戰國(승전국) 6급 6급Ⅱ 8급
今世上(금세상) 6급Ⅱ 7급Ⅱ 7급Ⅱ	–	今世界(금세계) 6급Ⅱ 7급Ⅱ 6급Ⅱ	愛國心(애국심) 6급 8급 7급
達辯家(달변가) 4급Ⅱ 4급 7급Ⅱ	–	能辯家(능변가) 5급Ⅱ 4급 7급Ⅱ	愛酒家(애주가) 6급 4급 7급Ⅱ
到着順(도착순) 5급Ⅱ 5급Ⅱ 5급Ⅱ	–	先着順(선착순) 8급 5급Ⅱ 5급Ⅱ	魚水親(어수친) 5급 8급 6급
同期生(동기생) 7급 5급 8급	–	同窓生(동창생) 7급 6급Ⅱ 8급	資産家(자산가) 4급 5급Ⅱ 7급Ⅱ
同鄕會(동향회) 7급 4급Ⅱ 6급Ⅱ	–	鄕友會(향우회) 4급Ⅱ 5급Ⅱ 6급Ⅱ	雜所得(잡소득) 4급 7급 4급Ⅱ
無所得(무소득) 5급 7급 4급Ⅱ	–	無收入(무수입) 5급 4급Ⅱ 7급	再組織(재조직) 5급 4급 4급
門下生(문하생) 8급 7급Ⅱ 8급	–	門下人(문하인) 8급 7급Ⅱ 8급	精米所(정미소) 4급Ⅱ 6급 7급
半休日(반휴일) 6급Ⅱ 7급 8급	–	半空日(반공일) 6급Ⅱ 7급Ⅱ 8급	周遊家(주유가) 4급 4급 7급Ⅱ
發明家(발명가) 6급Ⅱ 6급Ⅱ 7급Ⅱ	–	發明者(발명자) 6급Ⅱ 6급Ⅱ 6급	地方色(지방색) 7급 7급Ⅱ 7급
別天地(별천지) 6급 7급 7급	–	別世界(별세계) 6급 7급Ⅱ 6급Ⅱ	集會所(집회소) 6급Ⅱ 6급Ⅱ 7급
別天地(별천지) 6급 7급 7급	–	理想鄕(이상향) 6급Ⅱ 4급Ⅱ 4급Ⅱ	千萬年(천만년) 7급 8급 8급
本土種(본토종) 6급 8급 5급Ⅱ	–	在來種(재래종) 6급 7급 5급Ⅱ	推定量(추정량) 4급 6급 5급
不老草(불로초) 7급Ⅱ 7급 7급	–	不死藥(불사약) 7급Ⅱ 6급 6급Ⅱ	最上品(최상품) 5급 7급Ⅱ 5급Ⅱ

–	事業者(사업자) 7급Ⅱ 6급Ⅱ 6급	
–	靑寫眞(청사진) 8급 5급 4급Ⅱ	
–	年頭辭(연두사) 8급 6급 4급	
–	所有者(소유자) 7급 7급 6급	
–	受取人(수취인) 4급Ⅱ 4급Ⅱ 8급	
–	運命觀(운명관) 6급Ⅱ 7급 5급Ⅱ	
–	戰勝國(전승국) 6급Ⅱ 6급 8급	
–	祖國愛(조국애) 7급 8급 6급	
–	好酒家(호주가) 4급Ⅱ 4급 7급Ⅱ	
–	知音人(지음인) 5급Ⅱ 6급Ⅱ 8급	
–	財産家(재산가) 5급Ⅱ 5급Ⅱ 7급Ⅱ	
–	雜收入(잡수입) 4급 4급Ⅱ 7급	
–	再構成(재구성) 5급 4급 6급Ⅱ	
–	製粉所(제분소) 4급Ⅱ 4급 7급	
–	旅行家(여행가) 5급Ⅱ 6급 7급Ⅱ	
–	鄕土色(향토색) 4급Ⅱ 8급 7급	
–	集會場(집회장) 6급Ⅱ 6급Ⅱ 7급Ⅱ	
–	千萬代(천만대) 7급 8급 6급Ⅱ	
–	想定量(상정량) 4급Ⅱ 6급 5급	
–	極上品(극상품) 4급Ⅱ 7급Ⅱ 5급Ⅱ	

유의어(類義語) – 뜻이 비슷한 한자어(漢字語)

最盛期(최성기) 5급 4급Ⅱ 5급	_	全盛期(전성기) 7급Ⅱ 4급Ⅱ 5급
探訪記(탐방기) 4급 4급Ⅱ 7급Ⅱ	_	訪問記(방문기) 4급Ⅱ 7급 7급Ⅱ
通告文(통고문) 6급 5급Ⅱ 7급	_	通知書(통지서) 6급 5급Ⅱ 6급Ⅱ
通俗物(통속물) 6급 4급Ⅱ 7급Ⅱ	_	大衆物(대중물) 8급 4급Ⅱ 7급Ⅱ
判無識(판무식) 4급 5급 5급Ⅱ	_	全無識(전무식) 7급Ⅱ 5급 5급Ⅱ
合法性(합법성) 6급 5급Ⅱ 5급Ⅱ	_	適法性(적법성) 4급 5급Ⅱ 5급Ⅱ
好辯客(호변객) 4급Ⅱ 4급 5급Ⅱ	_	達辯家(달변가) 4급Ⅱ 4급 7급Ⅱ
紅一點(홍일점) 4급 8급 4급	_	一點紅(일점홍) 8급 4급 4급
回想記(회상기) 4급Ⅱ 4급Ⅱ 7급Ⅱ	_	回想錄(회상록) 4급Ⅱ 4급Ⅱ 4급Ⅱ
各樣各色(각양각색) 6급Ⅱ 4급 6급Ⅱ 7급	_	形形色色(형형색색) 6급Ⅱ 6급Ⅱ 7급 7급
見利思義(견리사의) 5급Ⅱ 6급Ⅱ 5급 4급Ⅱ	_	見危受命(견위수명) 5급Ⅱ 4급 4급Ⅱ 7급
經世致用(경세치용) 4급Ⅱ 7급Ⅱ 5급 6급Ⅱ	_	利用厚生(이용후생) 6급Ⅱ 6급Ⅱ 4급 8급
公益事業(공익사업) 6급Ⅱ 4급Ⅱ 7급Ⅱ 6급Ⅱ	_	公共事業(공공사업) 6급Ⅱ 6급Ⅱ 7급Ⅱ 6급Ⅱ
空前絶後(공전절후) 7급Ⅱ 7급Ⅱ 4급Ⅱ 7급Ⅱ	_	前無後無(전무후무) 7급Ⅱ 5급 7급Ⅱ 5급
九曲羊腸(구곡양장) 8급 5급 4급Ⅱ 4급	_	九折羊腸(구절양장) 8급 4급 4급Ⅱ 4급
九死一生(구사일생) 8급 6급 8급 8급	_	十生九死(십생구사) 8급 8급 8급 6급
金城鐵壁(금성철벽) 8급 4급Ⅱ 5급 4급Ⅱ	_	難攻不落(난공불락) 4급Ⅱ 4급 7급Ⅱ 5급
氣象災害(기상재해) 7급Ⅱ 4급 5급 5급Ⅱ	_	自然災害(자연재해) 7급Ⅱ 7급 5급 5급Ⅱ
代代孫孫(대대손손) 6급Ⅱ 6급Ⅱ 6급 6급	_	子子孫孫(자자손손) 7급Ⅱ 7급Ⅱ 6급 6급
東問西答(동문서답) 8급 7급 8급 7급Ⅱ	_	問東答西(문동답서) 7급 8급 7급Ⅱ 8급
馬耳東風(마이동풍) 5급 5급 8급 6급Ⅱ	_	牛耳讀經(우이독경) 5급 5급 6급Ⅱ 4급Ⅱ
目不識丁(목불식정) 6급 7급Ⅱ 5급Ⅱ 4급	_	一字無識(일자무식) 8급 7급 5급 5급Ⅱ
民族相殘(민족상잔) 8급 6급 5급Ⅱ 4급	_	同族相爭(동족상쟁) 7급 6급 5급Ⅱ 5급
不老長生(불로장생) 7급Ⅱ 7급 8급 8급	_	長生不死(장생불사) 8급 8급 7급Ⅱ 6급
西方國家(서방국가) 8급 7급Ⅱ 8급 7급Ⅱ	_	西方世界(서방세계) 8급 7급Ⅱ 7급Ⅱ 6급Ⅱ
心心相印(심심상인) 7급 7급 5급Ⅱ 4급Ⅱ	_	以心傳心(이심전심) 5급Ⅱ 7급 5급Ⅱ 7급
營利保險(영리보험) 4급 6급Ⅱ 4급Ⅱ 4급	_	營業保險(영업보험) 4급 6급Ⅱ 4급Ⅱ 4급
屋內競技(옥내경기) 5급 7급Ⅱ 5급 5급	_	室內競技(실내경기) 8급 7급Ⅱ 5급 5급
類類相從(유유상종) 5급Ⅱ 5급Ⅱ 5급Ⅱ 4급	_	草綠同色(초록동색) 7급 6급 7급 7급
因果應報(인과응보) 5급 6급Ⅱ 4급Ⅱ 4급Ⅱ	_	種豆得豆(종두득두) 5급Ⅱ 4급Ⅱ 4급Ⅱ 4급Ⅱ
一擧兩得(일거양득) 8급 5급 4급Ⅱ 4급Ⅱ	_	一石二鳥(일석이조) 8급 6급 8급 4급Ⅱ
一定不變(일정불변) 8급 6급 7급Ⅱ 5급Ⅱ	_	固定不變(고정불변) 5급 6급 7급Ⅱ 5급Ⅱ
積小成大(적소성대) 4급 8급 6급Ⅱ 8급	_	積土成山(적토성산) 4급 8급 6급Ⅱ 8급
通俗歌謠(통속가요) 6급 4급Ⅱ 7급 4급Ⅱ	_	大衆歌謠(대중가요) 8급 4급Ⅱ 7급 4급Ⅱ
必有曲折(필유곡절) 5급Ⅱ 7급 5급 4급	_	必有事端(필유사단) 5급Ⅱ 7급 7급Ⅱ 4급Ⅱ
風前燈火(풍전등화) 6급Ⅱ 7급Ⅱ 4급Ⅱ 8급	_	危機一髮(위기일발) 4급 4급 8급 4급
虛名無實(허명무실) 4급Ⅱ 7급Ⅱ 5급 5급Ⅱ	_	有名無實(유명무실) 7급 7급Ⅱ 5급 5급Ⅱ
花朝月夕(화조월석) 7급 6급 8급 7급	_	朝花月夕(조화월석) 6급 7급 8급 7급
黃金萬能(황금만능) 6급 8급 8급 5급Ⅱ	_	金權萬能(금권만능) 8급 4급Ⅱ 8급 5급Ⅱ

假 _ 仿	觀 _ 观,覌,観	當 _ 当	禮 _ 礼
거짓 가: 4급II	볼 관 5급II	마땅 당 5급II	예도 례: 6급
價 _ 価	關 _ 関	黨 _ 党	勞 _ 労
값 가 5급II	관계할 관 5급II	무리 당 4급II	일할 로 5급II
覺 _ 覚	廣 _ 広	對 _ 対	錄 _ 录
깨달을 각 4급	넓을 광: 5급II	대할 대: 6급II	기록할 록 4급II
減 _ 减	鑛 _ 鉱	德 _ 徳	龍 _ 竜
덜 감 4급II	쇳돌 광: 4급	큰 덕 5급II	용 룡 4급
監 _ 监	區 _ 区	圖 _ 図	離 _ 难
볼 감 4급II	구분할/지경 구 6급	그림 도 6급II	떠날 리: 4급
個 _ 个	舊 _ 旧	獨 _ 独	滿 _ 満
낱 개(:) 4급II	예 구: 5급II	홀로 독 5급II	찰 만(:) 4급II
據 _ 拠	句 _ 勾	讀 _ 読	萬 _ 万
근거 거: 4급	글귀 구 4급II	읽을 독 구절 두 6급II	일만 만: 8급
擧 _ 拳,舉	國 _ 国	毒 _ 毒	賣 _ 売
들 거: 5급	나라 국 8급	독 독 4급II	팔 매(:) 5급
儉 _ 倹	勸 _ 欢,勧	燈 _ 灯	發 _ 発
검소할 검: 4급	권할 권: 4급	등 등 4급II	필 발 6급II
檢 _ 検	權 _ 权,権	樂 _ 楽	拜 _ 拝
검사할 검: 4급II	권세 권 4급II	즐길 락 노래 악 좋아할 요 6급II	절 배: 4급II
擊 _ 撃	歸 _ 帰	亂 _ 乱	變 _ 変
칠[打] 격 4급	돌아갈 귀: 4급	어지러울 란: 4급	변할 변: 5급II
堅 _ 坚	氣 _ 気	覽 _ 覧,覧	邊 _ 辺,边
굳을 견 4급	기운 기 7급II	볼 람 4급	가[側] 변 4급II
缺 _ 欠	器 _ 器	來 _ 来	寶 _ 宝
이지러질 결 4급II	그릇 기 4급II	올 래(:) 7급	보배 보: 4급II
經 _ 経	單 _ 単	兩 _ 両	富 _ 冨
지날/글 경 4급II	홑 단 4급II	두 량: 4급II	부자 부 4급II
輕 _ 軽	團 _ 団	麗 _ 麗	佛 _ 仏
가벼울 경 5급	둥글 단 5급II	고울 려 4급II	부처 불 4급II
繼 _ 継	斷 _ 断	練 _ 練	寫 _ 写,写,寫
이을 계: 4급	끊을 단: 4급II	익힐 련: 5급II	베낄 사 5급
穀 _ 穀	擔 _ 担	練 _ 練	師 _ 师
곡식 곡 4급	멜 담 4급II	익힐 련: 5급II	스승 사 4급II

本字	略字	訓音	급수
辭	辞	말씀 사	4급
殺	殺	죽일 살 / 감할·빠를 쇄:	4급II
狀	状	형상 상 / 문서 장	4급II
船	舩	배 선	5급
聲	声	소리 성	4급II
歲	岁, 崴	해 세	5급II
屬	属	붙일 속	4급
續	続	이을 속	4급II
收	収	거둘 수	4급II
數	数	셈 수:	7급
肅	甫, 肃	엄숙할 숙	4급
實	実	열매 실	5급II
兒	児	아이 아	5급II
惡	悪	악할 악 / 미워할 오	5급
壓	圧	누를 압	4급II
藥	薬	약 약	6급II
嚴	厳	엄할 엄	4급
與	与	더불/줄 여:	4급
餘	余	남을 여	4급II
研	研	갈 연	4급II
鉛	鈆	납 연	4급
榮	栄	영화 영	4급II
營	営	경영할 영	4급
藝	芸, 藝	재주 예:	4급II
豫	予	미리 예:	4급
溫	温	따뜻할 온	6급
謠	謡	노래 요	4급II
員	貟	인원 원	4급II
遠	遠	멀 원:	6급
圍	囲	에워쌀 위	4급
爲	為	하/할 위:	4급II
隱	隠, 隱	숨을 은	4급
應	応	응할 응:	4급II
醫	医	의원 의	6급
者	者	놈 자	6급
殘	残	남을 잔	4급
雜	雑	섞일 잡	4급
壯	壮	장할 장:	4급
將	将	장수 장(:)	4급II
裝	装	꾸밀 장	4급
獎	奨, 奬	장려할 장(:)	4급
爭	争	다툴 쟁	5급
傳	伝	전할 전	5급II
戰	战, 戦	싸움 전:	6급II
轉	転	구를 전:	4급
錢	銭	돈 전:	4급
節	節	마디 절	5급II
點	点, 奌	점 점(:)	4급
靜	静	고요할 정	4급
定	㝎	정할 정:	6급
濟	済	건널 제:	4급II
條	条	가지 조	4급
卒	卆	마칠 졸	5급II
從	从, 従	좇을 종(:)	4급
晝	昼	낮 주	6급
準	準	준할 준:	4급II
增	増	더할 증	4급II
證	証	증거 증	4급
珍	珎	보배 진	4급
盡	尽	다할 진:	4급
質	質	바탕 질	5급II
讚	讃	기릴 찬:	4급
參	参	참여할 참/석 삼	5급II
處	処	곳 처:	4급II
鐵	鉄	쇠 철	5급
廳	厅	관청 청	4급
聽	聴	들을 청	4급
體	体	몸 체	6급II
總	総, 總	다[皆] 총:	4급II
蟲	虫	벌레 충	4급II
齒	歯	이 치	4급II
稱	称	일컬을 칭	4급
彈	弾	탄알 탄:	4급
擇	択	가릴 택	4급

學	学	驗	驗	號	号	效	効
배울 학	8급	시험 험:	4급II	이름 호(:)	6급	본받을 효	5급II
鄕	郷	賢	賢	畫	画	黑	黒
시골 향	4급II	어질 현	4급II	그림 화: 그을 획(劃)	6급	검을 흑	5급
虛	虚	顯	顕	歡	欢, 歓	興	兴
빌 허	4급II	나타날 현:	4급	기쁠 환	4급	일[盛] 흥(:)	4급II
險	険	惠	恵	會	会		
험할 험:	4급	은혜 혜	4급II	모일 회:	6급II		

한자능력검정시험

4급 예상문제
(1회~10회)

- 예상문제(1회~10회)
- 정답(105p~107p)

➔ 본 예상문제는 수험생들의 기억에 의하여 재생된 기출문제를 토대로 분석하고 연구하여 만든 문제입니다.

01 다음 글에서 밑줄 친 漢字語의 讀音을 쓰시오. (1~32)

[가] 스포츠에서 [1]攻擊은 [2]果敢히 수행하고, [3]守備는 물샐틈없이 [4]嚴重해야 한다.

[나] 우리 국어에서 [5]固有語는 感性의 정밀한 묘사에 [6]適合하고, 漢字語는 [7]理性 論理 學術 [8]領域을 [9]表出하는 데 適切하다. 그리하여 오늘날 韓國의 문화는 固有語와 漢字語의 [10]絶妙한 [11]調和 위에 이루어진 것이다.

[다] 20[12]世紀 후반에는 [13]産兒 [14]制限 정책이 [15]推進되었는데, 50年이 못되어 지금은 出産을 강력히 [16]勸奬하는 시대를 맞았으니, 眞理도 영원한 것은 없는 듯하다.

[라] 교통사고를 당한 후 [17]肉體的 [18]損傷보다 [19]精神的 피해가 더 오래 남았다.

[마] [20]遊興에 필요한 [21]經費를 마련하기 위하여 [22]犯罪를 저지르는 젊은이가 늘어나고 있다.

[바] [23]貧富와 上下, 老少를 不問하고, [24]勤勉과 [25]誠實은 모든 사람에게 요구되는 중요한 [26]德目이다.

[사] [27]婚禮를 [28]簡素하게 치르자는 바람직한 운동이 조선일보를 중심으로 [29]展開되고 있다.

[아] 독서나 교육, 交友관계 등을 통하여 [30]良識을 닦는 일에는 소홀하고 겉[31]模樣을 꾸미는 일에만 애쓰는 [32]態度는 장래를 걱정스럽게 한다.

1 [   ]   2 [   ]
3 [   ]   4 [   ]
5 [   ]   6 [   ]
7 [   ]   8 [   ]
9 [   ]   10 [   ]
11 [   ]   12 [   ]
13 [   ]   14 [   ]
15 [   ]   16 [   ]
17 [   ]   18 [   ]
19 [   ]   20 [   ]
21 [   ]   22 [   ]
23 [   ]   24 [   ]
25 [   ]   26 [   ]
27 [   ]   28 [   ]
29 [   ]   30 [   ]
31 [   ]   32 [   ]

02 위 문제에 나온 다음 單語 중 첫 음절이 길게 발음되는 漢字語 3개를 골라 그 번호를 쓰시오. (33~35)

例	① 攻擊	② 守備	③ 嚴重	④ 理性
	⑤ 推進	⑥ 勸奬	⑦ 領域	⑧ 表出
	⑨ 絶妙	⑩ 肉體		

33 [   ]   34 [   ]
35 [   ]

03 다음 漢字의 訓과 音을 쓰시오. (36~54)

36 季 [   ]   37 候 [   ]
38 依 [   ]   39 寫 [   ]
40 麗 [   ]   41 積 [   ]
42 治 [   ]   43 起 [   ]
44 逃 [   ]   45 伏 [   ]
46 悲 [   ]   47 授 [   ]
48 遇 [   ]   49 鷄 [   ]
50 藝 [   ]   51 靜 [   ]
52 督 [   ]   53 慰 [   ]
54 畫 [   ]

04 다음 밑줄 친 單語를 漢字[正字]로 바꾸어 쓰시오. (55~74)

[가] [55]낙엽 지는 소리에 [56]동절이 가까이 왔음을 느낀다.
[나] [57]원근, [58]선악, [59]빙탄 등 대립적인 의미의 漢字가 연결된 單語가 많이 있다.

[다] [60]급료를 받지 않고 사회와 국가를 위해 [61]봉사하는 사람이 늘어간다.

[라] 자연 [62]경치를 유심히 살피고 언제나 깊이 [63]사고하는 사람은 실수가 적은 법이다.

[마] 어느 새 [64]한랭한 [65]기운이 옷 속을 파고든다.

[바] [66]역사와 전통을 잘 보존하는 민족에게 미래도 밝다.

[사] 희극인들은 대체로 [67]담화의 능력도 뛰어나다.

[아] 가을을 흔히 燈火[68]가친의 계절이라 한다.

[자] 꿈이 큰 사람일수록 [69]법규를 잘 지킨다.

[차] "나무 심기"의 [70]식수와 "마시는 물"의 [71]식수는 동음어 관계에 있다.

[카] [72]선거에는 모든 유권자가 [73]동참해야 한다.

[타] [74]재해 예방에 노력하자.

55 [ ]	56 [ ]
57 [ ]	58 [ ]
59 [ ]	60 [ ]
61 [ ]	62 [ ]
63 [ ]	64 [ ]
65 [ ]	66 [ ]
67 [ ]	68 [ ]
69 [ ]	70 [ ]
71 [ ]	72 [ ]
73 [ ]	74 [ ]

05 다음 漢字를 널리 通用되는 略字로 고쳐 쓰시오. (75~77)

75 輕 [   ]   76 會 [   ]

77 傳 [   ]

06 다음 單語의 뜻을 풀이하시오. (78~80)

78 窮極 [   ]

79 常理 [   ]

80 豫告 [   ]

07 다음 각 漢字와 뜻이 같거나 비슷한 漢字를 (   ) 속에 적어 單語를 完成하시오. (81~83)

81 虛(   )   82 (   )貨

83 舍(   )

08 다음 각 글자와 뜻이 對立되는 漢字~反義字~를 (   ) 속에 적어 單語를 完成하시오. (84~86)

84 (   )死   85 曲(   )

86 新(   )

09 다음 각 漢字의 部首를 쓰시오. (87~89)

87 往 [   ]   88 店 [   ]

89 男 [   ]

10 다음 (   ) 속의 글자를 漢字로 적어 四字成語를 完成하시오. (90~94)

90 (전)光石火 : 극히 짧은 시간.

91 信(상)必罰 : 상벌을 공정히 하는 일.

92 結(초)報恩 : 죽어서도 잊지 않고 은혜를 갚음.

93 高低長(단) : 높고 낮음과 길고 짧음.

94 馬(이)東風 : 남의 말을 귀담아 듣지 않고 곧 흘려 버림.

11 다음 單語의 同音異義語를 漢字[正字]로 쓰되, 미리 제시된 뜻에 맞추시오. (95~97)

95 (官文) : 국경이나 요새의 성문.

96 (病死) : 군사. 사병.

97 (否認) : 남의 아내의 높임말.

12 다음 문장의 밑줄 친 (___) 부분에 들어갈 알맞은 말을 쓰시오. (98~100)

'樂'字는 "즐길 락"과 "노래 [98](___) ", 그리고 "[99](___) 요" 등 여러 음으로 읽히는 글자이고, '暴'字는 "[100]사나울 (___)"과 "모질 포"로 읽히는 글자이다.

98 [   ]   99 [   ]

100 [   ]

수험번호 ☐☐☐-☐☐-☐☐☐☐   **성명** ☐☐☐☐☐

생년월일 ☐☐☐☐☐☐   ※ 유성 싸인펜, 붉은색 필기구 사용 불가.

※ 답안지는 컴퓨터로 처리되므로 구기거나 더럽히지 마시고, 정답 칸 안에만 쓰십시오. 글씨가 채점란으로 들어오면 오답처리가 됩니다.

제   회 전국한자능력검정시험 4급 답안지(1) (시험시간 50분)

번호	답안란 정답	채점란 1검	2검	번호	답안란 정답	채점란 1검	2검	번호	답안란 정답	채점란 1검	2검
1				17				33			
2				18				34			
3				19				35			
4				20				36			
5				21				37			
6				22				38			
7				23				39			
8				24				40			
9				25				41			
10				26				42			
11				27				43			
12				28				44			
13				29				45			
14				30				46			
15				31				47			
16				32				48			

	감독위원	채점위원(1)		채점위원(2)		채점위원(3)	
	(서명)	(득점)	(서명)	(득점)	(서명)	(득점)	(서명)

※ 뒷면으로 이어짐

※ 답안지는 컴퓨터로 처리되므로 구기거나 더럽히지 마시고, 정답 칸 안에만 쓰십시오. 글씨가 채점란으로 들어오면 오답처리가 됩니다.

제　　회 전국한자능력검정시험 4급 답안지(2)

번호	정답	1검	2검	번호	정답	1검	2검	번호	정답	1검	2검
49				67				85			
50				68				86			
51				69				87			
52				70				88			
53				71				89			
54				72				90			
55				73				91			
56				74				92			
57				75				93			
58				76				94			
59				77				95			
60				78				96			
61				79				97			
62				80				98			
63				81				99			
64				82				100			
65				83							
66				84							

답 안 란 / 채점란 / 답 안 란 / 채점란 / 답 안 란 / 채점란

(社) 한국어문회 주관·한국한자능력검정회 시행

한자능력검정시험 4급 예상문제

문 항 수 : 100문항
합격문항 : 70문항
제한시간 : 50분

01 다음 밑줄 친 漢字語의 讀音을 쓰시오. (1~32)

○ 우리 학교는 [1]落島의 [2]初等학교와 [3]姉妹 [4]結緣을 맺었다.

○ [5]先祖의 생활 문화와 [6]藝術的 [7]感覺이 [8]後孫들에게 [9]遺傳되어, 우리가 오늘날 문화 [10]民族으로서의 생활을 [11]營爲하는 것이다.

○ 시장 후보의 [12]演說을 듣기 위해 [13]選擧 [14]遊說場에 [15]群集했던 사람들은 비가 오자 모두 흩어졌다.

○ [16]將星을 포함한 [17]職業 군인들은 [18]新武器의 [19]示範에 대한 [20]讚辭들을 보내고 있다.

○ [21]擔當 부서에서는 [22]批判을 겸허히 [23]收容하겠다고 밝혔다.

○ [24]周圍의 사람들과 동화하는 것이 바뀐 [25]環境에 빨리 [26]適應하는 지름길이다.

○ 훈민정음의 [27]創制로 [28]兩班層에게 [29]獨占되어 온 문자의 혜택을 일반 [30]百姓들도 누리게 되었다.

○ 그 소설가와 [31]對談한 너의 인터뷰 기사를 [32]雜誌에서 읽었다.

1 [　　　　] 　　2 [　　　　]
3 [　　　　] 　　4 [　　　　]
5 [　　　　] 　　6 [　　　　]
7 [　　　　] 　　8 [　　　　]
9 [　　　　] 　　10 [　　　　]
11 [　　　　] 　　12 [　　　　]
13 [　　　　] 　　14 [　　　　]
15 [　　　　] 　　16 [　　　　]
17 [　　　　] 　　18 [　　　　]
19 [　　　　] 　　20 [　　　　]
21 [　　　　] 　　22 [　　　　]
23 [　　　　] 　　24 [　　　　]
25 [　　　　] 　　26 [　　　　]
27 [　　　　] 　　28 [　　　　]
29 [　　　　] 　　30 [　　　　]
31 [　　　　] 　　32 [　　　　]

02 위 문제에 출제된 다음 漢字語 중 첫 音節이 길게 발음되는 單語 3개를 골라 그 번호를 쓰시오. (33~35)

例
① 初等　② 姉妹　③ 先祖　④ 藝術
⑤ 感覺　⑥ 後孫　⑦ 遺傳　⑧ 民族
⑨ 營爲

33 [　　　　] 　　34 [　　　　]
35 [　　　　]

03 다음 漢字의 訓과 音을 쓰시오. (36~54)

36 納 [　　　　] 　　37 鳴 [　　　　]
38 伏 [　　　　] 　　39 骨 [　　　　]
40 勤 [　　　　] 　　41 帝 [　　　　]
42 紅 [　　　　] 　　43 盜 [　　　　]
44 迎 [　　　　] 　　45 巨 [　　　　]
46 閑 [　　　　] 　　47 慮 [　　　　]
48 拍 [　　　　] 　　49 絲 [　　　　]
50 招 [　　　　] 　　51 街 [　　　　]
52 叔 [　　　　] 　　53 構 [　　　　]
54 龍 [　　　　]

04 다음 밑줄 친 單語를 漢字로 바꾸어 쓰시오. (55~74)

○ [55]봉사 [56]활동은 힘이 드는 [57]반면에 보람이 있다.

○ 그 [58]여행가는 [59]세계 각국의 [60]경치 좋은 [61]유명한 산들을 소개하는 글을 썼다.

○ 그 [62]학교는 [63]창문도 없는 듯싶은 조그만 부속 [64]건물을 교무실로 [65]사용하고 있다.

○ 아직 일정 [66]기간이 지나지 않은 신병에게는 면회 신청이 [67]허가되지 않는다.

○ 그녀는 [68]약속보다 두 시간이나 늦게 [69]도착하였다.

○ [70]유통 시장이 외국 기업에 [71]내년부터 [72]개방된다고 한다.

○ 우리 선수단은 어떤 팀과 싸워도 [73]승리할 수 있는 [74]신념을 가지고 있다.

55 [ ]		56 [ ]	
57 [ ]		58 [ ]	
59 [ ]		60 [ ]	
61 [ ]		62 [ ]	
63 [ ]		64 [ ]	
65 [ ]		66 [ ]	
67 [ ]		68 [ ]	
69 [ ]		70 [ ]	
71 [ ]		72 [ ]	
73 [ ]		74 [ ]	

05 다음 漢字를 널리 쓰이는 略字로 고쳐 쓰시오. (75~77)

75 賣 [   ]   76 體 [   ]

77 區 [   ]

06 다음 漢字語의 뜻을 순우리말로 쓰시오. (78~80)

78 殘在 [   ]

79 速報 [   ]

80 承繼 [   ]

07 다음 각 漢字語의 뜻이 같거나 비슷한 漢字語를 (   ) 속에 漢字를 적어 單語를 完成하시오. (81~83)

81 (   ) ~ 止   82 希 ~ (   )

83 競 ~ (   )

08 다음 漢字語와 뜻이 대립되는 漢字語를 (   )속에 漢字를 적어 單語를 完成하시오. (84~86)

84 (   ) ↔ 留   85 (   ) ↔ 罰

86 氷 ↔ (   )

09 다음 漢字의 部首를 쓰시오. (87~89)

87 由 [   ]   88 條 [   ]

89 善 [   ]

10 다음 빈 칸에 알맞은 漢字를 적어 四字成語를 完成하시오. (90~94)

90 竹(마)故(우) : 대말을 타고 놀던 벗이라는 뜻으로, 어릴 때부터 같이 놀며 자란 벗

91 (시)(종)如一 : 처음부터 끝까지 변함없이 한결같음.

92 孤(립)(무)援 : 고립되어 구원을 받을 데가 없음.

93 花(조)月(석) : 꽃 피는 아침과 달 밝은 밤이라는 뜻으로, 경치가 좋은 시절을 이르는 말.

94 (우)順風(조) : 비가 때맞추어 알맞게 내리고 바람이 고르게 분다는 뜻으로, 농사에 알맞게 기후가 순조로움을 이르는 말.

11 다음 單語의 同音異義語를 漢字로 쓰되, 제시된 뜻에 맞추시오. (95~97)

95 (西紀) : 단체나 회의에서 문서나 기록 따위를 맡아보는 사람.

96 (失手) : 실제의 수효.

97 (古典) : 몹시 힘들고 어렵게 싸움.

12 다음 문장의 밑줄(___) 부분에 들어갈 알맞을 말을 쓰시오. (98~100)

'狀'은 '[98]( ) 상'과 '[99]( ) 장'으로 읽히는 一字多音字이고, '別'은 '別種'에서는 '다르다'의 뜻으로 쓰이고, '分別'에서는 '[100]( )'의 뜻으로 쓰이는 글자이다.

98 [   ]   99 [   ]

100 [   ]

수험번호 □□□-□□-□□□□　　　성명 □□□□□

생년월일 □□□□□□

※ 유성 싸인펜, 붉은색 필기구 사용 불가.

※ 답안지는 컴퓨터로 처리되므로 구기거나 더럽히지 마시고, 정답 칸 안에만 쓰십시오. 글씨가 채점란으로 들어오면 오답처리가 됩니다.

제　　회 전국한자능력검정시험 4급 답안지(1)　　(시험시간 50분)

번호	정답	1검	2검	번호	정답	1검	2검	번호	정답	1검	2검
1				17				33			
2				18				34			
3				19				35			
4				20				36			
5				21				37			
6				22				38			
7				23				39			
8				24				40			
9				25				41			
10				26				42			
11				27				43			
12				28				44			
13				29				45			
14				30				46			
15				31				47			
16				32				48			

감독위원	채점위원(1)		채점위원(2)		채점위원(3)	
(서명)	(득점)	(서명)	(득점)	(서명)	(득점)	(서명)

※ 뒷면으로 이어짐

※ 답안지는 컴퓨터로 처리되므로 구기거나 더럽히지 마시고, 정답 칸 안에만 쓰십시오. 글씨가 채점란으로 들어오면 오답처리가 됩니다.

제　　회 전국한자능력검정시험 4급 답안지(2)

번호	정답	1검	2검	번호	정답	1검	2검	번호	정답	1검	2검
49				67				85			
50				68				86			
51				69				87			
52				70				88			
53				71				89			
54				72				90			
55				73				91			
56				74				92			
57				75				93			
58				76				94			
59				77				95			
60				78				96			
61				79				97			
62				80				98			
63				81				99			
64				82				100			
65				83							
66				84							

01 다음 밑줄 친 漢字語의 讀音을 쓰시오. (1~32)

○ 경찰은 해외에서 불법 [1]資金이 [2]流入된 [3]證據를 확보하고 이미 [4]逃避한 [5]犯人을 찾기 위해 수사에 [6]拍車를 가하고 있다.

○ [7]勤勉하고 [8]模範적인 공무원이었던 그는 [9]階層 간의 갈등과 [10]貧困 문제를 해결하기 위해 자신이 [11]擔當한 여러 가지 관련 [12]業務를 [13]革新하는데 많은 기여를 했다.

○ 우리 [14]民衆들은 일본의 [15]暴壓에 [16]屈伏하지 않고, [17]負傷당하고, [18]監禁되면서까지도 끊임없이 [19]抗拒하여 마침내 [20]獨立을 이루어 냈다.

○ 다음 주에 [21]放映되는 태권도 [22]擊破 [23]競演 대회를 [24]觀覽하기 위해 담당자에게 [25]電話해서 [26]座席을 [27]豫約하였다.

○ 이런 저런 [28]窮理를 하다 보니 인간 [29]關係를 다루는 [30]要領이 생겼다. 처음에는 부당한 처사라고 여겨 [31]憤怒만 했던 일을 [32]精密하게 분석을 해 보니 사람들 사이에서 나타나는 갈등은 딱히 누구의 잘못이라고 말하기 어려운 부분이 있다는 것을 알았다.

1 [   ]   2 [   ]
3 [   ]   4 [   ]
5 [   ]   6 [   ]
7 [   ]   8 [   ]
9 [   ]   10 [   ]
11 [   ]   12 [   ]
13 [   ]   14 [   ]
15 [   ]   16 [   ]
17 [   ]   18 [   ]
19 [   ]   20 [   ]
21 [   ]   22 [   ]
23 [   ]   24 [   ]
25 [   ]   26 [   ]
27 [   ]   28 [   ]
29 [   ]   30 [   ]
31 [   ]   32 [   ]

02 위 문제에 출제된 다음 漢字語 중 첫 音節이 길게 발음되는 單語 3개를 골라 그 번호를 쓰시오. (33~35)

例	① 辯論 ② 委員 ③ 繼續 ④ 淸純 ⑤ 完治 ⑥ 展示 ⑦ 接着 ⑧ 誠意 ⑨ 城壁

33 [   ]   34 [   ]
35 [   ]

03 다음 漢字의 訓과 音을 쓰시오. (36~54)

36 歡 [   ]   37 測 [   ]
38 指 [   ]   39 叔 [   ]
40 鮮 [   ]   41 移 [   ]
42 專 [   ]   43 綠 [   ]
44 導 [   ]   45 納 [   ]
46 鏡 [   ]   47 散 [   ]
48 規 [   ]   49 起 [   ]
50 略 [   ]   51 傾 [   ]
52 康 [   ]   53 援 [   ]
54 協 [   ]

04 다음 밑줄 친 單語를 漢字로 바꾸어 쓰시오. (55~74)

○ 인터넷에서 여러 가지 [55]물건을 구입할 때는 먼저 하나 하나 [56]가격을 확인한 뒤에 함께 [57]계산하는 것이 바람직한 [58]순서이다.

○ [59]훈련 중에 선수가 부상을 당해서 [60]병원에 입원했다.

○ 그는 대통령 [61]특사로 [62]임명되어 어제 유럽으로 [63]출발했다.

○ 그 선수는 [64]표정에 [65]변화가 거의 없어서 상대 선수에게 심적 부담을 주는 [66]효과가 크다.
○ 그는 부모님의 [67]소원대로 시험에 합격하여 과학 꿈나무 [68]육성 프로그램에 참가하는 [69]여비를 지원 받게 되었다.
○ 우리 마을은 여름에 [70]강풍을 동반하는 폭우가 쏟아져 [71]호수가 범람하는 [72]재해가 발생하곤 한다.
○ 일부 원시 부족의 [73]용사들은 매운 [74]음식을 먹으면서 용맹을 과시하기도 했다.

55 [　　　]		56 [　　　]	
57 [　　　]		58 [　　　]	
59 [　　　]		60 [　　　]	
61 [　　　]		62 [　　　]	
63 [　　　]		64 [　　　]	
65 [　　　]		66 [　　　]	
67 [　　　]		68 [　　　]	
69 [　　　]		70 [　　　]	
71 [　　　]		72 [　　　]	
73 [　　　]		74 [　　　]	

05 다음 漢字를 널리 쓰이는 略字로 고쳐 쓰시오. (75~77)

75 圖 [　　　]　　　76 醫 [　　　]

77 賣 [　　　]

06 다음 漢字語의 뜻을 쓰시오. (78~80)

78 郵送　　　[　　　　　　　　　]

79 護衛　　　[　　　　　　　　　]

80 統長　　　[　　　　　　　　　]

07 다음 각 문제에 제시된 漢字와 뜻이 같거나 비슷한 漢字를 ( ) 속에 적어 單語를 完成하시오. (81~83)

81 태국에는 수상 家(　　)들이 꽤 많다.

82 삼국 시대 관직명을 (　　)察한 연구가 발표되었다.

83 세계정세가 (　　)速하게 변화하고 있다.

08 다음 각 문제에 제시된 漢字와 뜻이 대립되는 漢字를 (　　)속에 적어 單語를 完成하시오. (84~86)

84 그 두 분은 평생 苦(　　)을 같이 해 온 친구 사이다.

85 일의 (　　)重을 따져 먼저 처리해야 할 것을 정하는 것이 좋다.

86 이번 축구 국가 대표 선수단은 新(　　)가 조화를 이루게 구성되었다.

09 다음 漢字의 部首를 쓰시오. (87~89)

87 典 [　　　]　　　88 聖 [　　　]

89 獎 [　　　]

10 다음 (　　) 안 제시된 音에 알맞은 漢字를 적어 四字成語를 完成하시오. (90~94)

90 速(　　)速(　　) : 싸움을 오래 끌지 아니하고 빨리 몰아쳐서 이기고 짐을 결정함.

91 (　　)(　　)必罰 : 공이 있는 사람에게는 상을 주고 죄가 있는 사람에게는 반드시 벌을 줌.

92 (　　)山一(　　) : 대부분이 숨겨져 있고 외부로 나타난 부분은 극히 일부분에 지나지 않음을 비유하는 말.

93 (　　)(　　)識丁 : 글자도 모르는 까막눈임을 이르는 말.

94 甘(　　)(　　)說 : 귀가 솔깃하도록 남의 비위를 맞추거나 이로운 조건을 내세워 꾀는 말

11 다음 單語의 同音異義語를 漢字로 쓰되, 제시된 뜻에 맞추시오. (95~97)

95 (施工) : 때와 장소

96 (經路) : 나이 드신 어른을 공경함.

97 (動機) : 같은 시기, 또는 같은 시기에 공부나 일을 같이 한 사람들을 이르는 말.

12 다음 문장의 밑줄(＿) 부분에 들어갈 알맞은 말을 쓰시오. (98~100)

'降'은 '[98](　　)강'과 '[99](　　) 항'으로 읽히는 一字多音字이고, '參'은 '參與'에서는 '참석하다'의 뜻으로 쓰이고, '參萬'에서 '參'의 훈과 음은 '[100](　　　)'이다.

98 [　　　]　　　99 [　　　]

100 [　　　]

수험번호 □□□-□□-□□□□   **성명** □□□□

생년월일 □□□□□□   ※ 유성 싸인펜, 붉은색 필기구 사용 불가.

※ 답안지는 컴퓨터로 처리되므로 구기거나 더럽히지 마시고, 정답 칸 안에만 쓰십시오. 글씨가 채점란으로 들어오면 오답처리가 됩니다.

제　　회 전국한자능력검정시험 4급 답안지(1)   (시험시간 50분)

번호	정답	1검	2검	번호	정답	1검	2검	번호	정답	1검	2검
1				17				33			
2				18				34			
3				19				35			
4				20				36			
5				21				37			
6				22				38			
7				23				39			
8				24				40			
9				25				41			
10				26				42			
11				27				43			
12				28				44			
13				29				45			
14				30				46			
15				31				47			
16				32				48			

	감독위원	채점위원(1)		채점위원(2)		채점위원(3)	
	(서명)	(득점)	(서명)	(득점)	(서명)	(득점)	(서명)

※ 뒷면으로 이어짐

※ 답안지는 컴퓨터로 처리되므로 구기거나 더럽히지 마시고, 정답 칸 안에만 쓰십시오. 글씨가 채점란으로 들어오면 오답처리가 됩니다.

제   회 전국한자능력검정시험 4급 답안지(2)

번호	정답	1검	2검	번호	정답	1검	2검	번호	정답	1검	2검
49				67				85			
50				68				86			
51				69				87			
52				70				88			
53				71				89			
54				72				90			
55				73				91			
56				74				92			
57				75				93			
58				76				94			
59				77				95			
60				78				96			
61				79				97			
62				80				98			
63				81				99			
64				82				100			
65				83							
66				84							

위 표의 상단 머리글은: 답안란 (번호 / 정답), 채점란 (1검 / 2검) 형식으로 세 묶음이 반복됨.

(社) 한국어문회 주관 · 한국한자능력검정회 시행

한자능력검정시험 4급 예상문제

문 항 수 : 100문항
합격문항 : 70문항
제한시간 : 50분

01 다음 밑줄 친 漢字語의 讀音을 쓰시오. (1~32)

(가) 학문 [1]研究에 있어서는 [2]假說의 定立이 [3]必要할 때가 있다.

(나) 모든 일의 [4]進展에는 [5]段階와 [6]順序가 있는 법이다.

(다) 수많은 [7]群衆이 [8]徒步 [9]競走에 [10]參與하였다.

(라) [11]糧穀 [12]管理 정책 [13]樹立에 있어서는 국제 [14]經濟 [15]狀況을 잘 살펴야 한다.

(마) 추징금을 내지 않겠다고 15년 이상을 버티고 있는 [16]高位 [17]前職들의 [18]樣態가 끌려나온 [19]鬪鷄를 연상케 한다.

(바) 문학에만 [20]批評이 있는 것이 아니고, [21]政治, 文化, [22]藝術 등에도 批評이 활발하게 이루어진다.

(사) 재앙은 [23]早期에 [24]根源을 [25]除去하는 것이 좋다.

(아) [26]粉紅과 자주(紫朱)가 다르고, [27]靑色과 [28]綠色이 다른 빛인데, [29]固有語로는 '붉다'와 '푸르다'로 [30]統合될 수밖에 없다.

(자) [31]辯舌에 능한 사람일수록 [32]虛言이 많은 법이다.

1 [   ]   2 [   ]
3 [   ]   4 [   ]
5 [   ]   6 [   ]
7 [   ]   8 [   ]
9 [   ]   10 [   ]
11 [   ]   12 [   ]
13 [   ]   14 [   ]
15 [   ]   16 [   ]
17 [   ]   18 [   ]
19 [   ]   20 [   ]
21 [   ]   22 [   ]
23 [   ]   24 [   ]
25 [   ]   26 [   ]
27 [   ]   28 [   ]
29 [   ]   30 [   ]
31 [   ]   32 [   ]

02 위 문제에 나온 다음 漢字語 중 첫 音節이 길게 발음되는 單語 3개를 찾아 그 번호를 쓰시오. (33~35)

例

① 假說   ② 必要   ③ 段階   ④ 群衆
⑤ 徒步   ⑥ 競走   ⑦ 鬪鷄   ⑧ 批評
⑨ 政治

33 [   ]   34 [   ]
35 [   ]

03 다음 漢字의 訓과 音을 쓰시오. (36~54)

36 眼 [   ]   37 姿 [   ]
38 泉 [   ]   39 探 [   ]
40 閉 [   ]   41 航 [   ]
42 討 [   ]   43 蓄 [   ]
44 鳥 [   ]   45 裝 [   ]
46 營 [   ]   47 宣 [   ]
48 拍 [   ]   49 妙 [   ]
50 亂 [   ]   51 督 [   ]
52 暖 [   ]   53 屈 [   ]
54 勤 [   ]

04 다음 밑줄 친 單語를 漢字로 고쳐 쓰시오. (55~74)

(가) 심한 [55]흉작으로 [56]농촌이 피폐해 간다.

(나) 소유하고 있는 [57]자동차나 [58]가옥 등 재산의 크기에 [59]행복이 [60]비례한다고 믿는 사람이 많다.

(다) [61]급료나 보수를 기대하지 않고 오직 이웃과 사회를 위하여 [62]물심 兩面으로 [63]봉사하는 사람이 늘어나고 있다.

(라) 언어에도 [64]품격이 있다. 비속어와 외국어의 남용이 국어 품격 [65]낙하의 [66]대표적 예라 하겠다. 또한 漢字語의 지나친 기피(忌避)로 인한 국어 품격 추락의 예도 대단히 많다. 예컨대 "숨지다, 죽다, 돌아가다, 사망, [67]별세, 운명(殞命), 귀천(歸天)"등이 각각 그 쓰임과 의미에 미세한 差異가 있는데, 국어 전문가가 모인 방송에서 "교통사고로 숨졌다, [68]화재 진압하다 消防官이 숨졌다"등의 표현이 난무한다.

(마) 새 시대의 [69]변개나 개혁에는 언제나 [70]선창하는 세력이 존재한다.

(바) [71]단체 구성원의 [72]결속을 다진다.

(사) [73]'선악', [74]'조석'처럼 反義字가 연결된 漢字語가 매우 많다.

55 [   ]   56 [   ]
57 [   ]   58 [   ]
59 [   ]   60 [   ]
61 [   ]   62 [   ]
63 [   ]   64 [   ]
65 [   ]   66 [   ]
67 [   ]   68 [   ]
69 [   ]   70 [   ]
71 [   ]   72 [   ]
73 [   ]   74 [   ]

05 다음 漢字를 자주 쓰이는 略字로 고쳐 쓰시오. (75~77)

75 擧 [   ]   76 區 [   ]

77 鐵 [   ]

06 다음 漢字語의 뜻을 간단히 풀이하시오. (78~80)

78 壯觀   [   ]

79 頌歌   [   ]

80 慶事   [   ]

07 다음 각 글자와 뜻이 같거나 비슷한 漢字를 (   ) 속에 적어 單語를 完成하시오. (81~83)

81 居(   ) 이전의 자유

82 (   )患으로 고생하시다.

83 (   )貨를 긁어모으기에 바쁘다.

08 다음 각 글자와 뜻이 반대 또는 대립되는 漢字를 (   ) 속에 적어 實用性 있는 單語를 만드시오. (84~86)

84 不問 曲(   )

85 大小 長(   )을 따지다.

86 (   )白을 가리다.

09 다음 漢字의 部首를 쓰시오. (87~89)

87 勇 [   ]   88 敎 [   ]

89 船 [   ]

10 다음 (   ) 안의 글자를 漢字로 고쳐 四字成語를 完成하시오. (90~94)

90 難(형)難(제) : 두 사물의 낫고 못함을 분간하기 어려움.

91 今始(초문) : 이제야 비로소 처음으로 들음.

92 論(공)行(상) : 공적의 유무·대소에 알맞은 상을 주는 일.

93 (백해)無益 : 해만 될 뿐 이로울 것은 전혀 없음.

95 山川(초목) : 산천과 초목, 자연

11 다음 單語의 同音異義語를 漢字로 쓰되, 미리 제시된 뜻에 맞추시오. (95~97)

95 (事記) : 선비의 기개.

96 (經路) : 노인을 공경함.

97 (受恩) : 은백색의 액체 금속.

12 다음 문장의 (   ) 속에 알맞은 말을 쓰시오. (98~100)

'降'은 [98]'(   ) 강'과 [99]'(   ) 항' 으로 읽히는 一字多音字이며, '布'는 '베 / 펼 포'와 [100]'(   ) 보'의 두 가지 訓音으로 읽히는 글자이다.

98 [   ]   99 [   ]

100 [   ]

수험번호 ☐☐☐-☐☐-☐☐☐☐　　　　　　**성명** ☐☐☐☐☐

생년월일 ☐☐☐☐☐☐

※ 유성 싸인펜, 붉은색 필기구 사용 불가.

※ 답안지는 컴퓨터로 처리되므로 구기거나 더럽히지 마시고, 정답 칸 안에만 쓰십시오. 글씨가 채점란으로 들어오면 오답처리가 됩니다.

제　　회 전국한자능력검정시험 4급 답안지(1)　　(시험시간 50분)

번호	정답	1검	2검	번호	정답	1검	2검	번호	정답	1검	2검
1				17				33			
2				18				34			
3				19				35			
4				20				36			
5				21				37			
6				22				38			
7				23				39			
8				24				40			
9				25				41			
10				26				42			
11				27				43			
12				28				44			
13				29				45			
14				30				46			
15				31				47			
16				32				48			

	감독위원	채점위원(1)		채점위원(2)		채점위원(3)	
	(서명)	(득점)	(서명)	(득점)	(서명)	(득점)	(서명)

※ 답안지는 컴퓨터로 처리되므로 구기거나 더럽히지 마시고, 정답 칸 안에만 쓰십시오. 글씨가 채점란으로 들어오면 오답처리가 됩니다.

제   회 전국한자능력검정시험 4급 답안지(2)

번호	정답	1검	2검	번호	정답	1검	2검	번호	정답	1검	2검
49				67				85			
50				68				86			
51				69				87			
52				70				88			
53				71				89			
54				72				90			
55				73				91			
56				74				92			
57				75				93			
58				76				94			
59				77				95			
60				78				96			
61				79				97			
62				80				98			
63				81				99			
64				82				100			
65				83							
66				84							

표에서 답안란과 채점란(1검, 2검)은 각각 3개 세트로 구성되어 있다.

한자능력검정시험 4급 예상문제

문 항 수 : 100문항
합격문항 : 70문항
제한시간 : 50분

01 다음 밑줄 친 漢字語의 讀音을 쓰시오. (1~32)

(가) 요란한 [1]拍手 소리가 울려 퍼지는 가운데 [2]主演 배우가 무대 위로 [3]登壇하였다.

(나) 國會에 학(鶴)의 모습은 없고 [4]群鷄의 아우성만 시끄러운 속에 국정의 방향도 [5]將來도 암담하기만 하다.

(다) [6]秋季 [7]運動회가 열려 [8]盛況을 이루며 [9]進行되었다.

(라) [10]地域별 [11]戰鬪에서 치열한 [12]攻防이 [13]繼續되었다.

(마) 그는 [14]粉骨쇄신의 각오로 [15]公職에 [16]奉仕하고 있다.

(바) 연평도나 천안함의 북에 의한 [17]爆擊 사건을 막는 데는 [18]武器 등 [19]軍備의 확충도 필요하지만 국민 전체의 애국 정신이 더 중요하다.

(사) [20]儒生의 꼿꼿한 선비 [21]精神, [22]危機를 만나서는 [23]心身과 [24]家産을 쏟아붓는 [25]護國精神이 절실히 요구되는 시대이다.

(아) 좋은 글쓰기[作文]를 위하여는 [26]章句를 엮고 [27]修辭의 기교를 익히는 일보다, 美文을 많이 읽고 모방하는 훈련이 선행되어야 한다.

(자) 민주 국가에는 [28]住居 [29]移轉의 자유가 [30]當然한 권리이지만, 북한에는 이 자유도 없다.

(차) [31]辯舌에 능한 사람보다 [32]眞實한 정치인을 국민은 원한다.

1 [ ]		2 [ ]	
3 [ ]		4 [ ]	
5 [ ]		6 [ ]	
7 [ ]		8 [ ]	
9 [ ]		10 [ ]	
11 [ ]		12 [ ]	
13 [ ]		14 [ ]	
15 [ ]		16 [ ]	
17 [ ]		18 [ ]	
19 [ ]		20 [ ]	
21 [ ]		22 [ ]	
23 [ ]		24 [ ]	
25 [ ]		26 [ ]	
27 [ ]		28 [ ]	
29 [ ]		30 [ ]	
31 [ ]		32 [ ]	

02 위 문제에 나온 다음 漢字語 중 첫 音節이 길게 발음되는 單語 3개를 골라 그 번호를 쓰시오. (33~35)

例	① 拍手 ② 主演 ③ 登壇 ④ 群鷄
	⑤ 秋季 ⑥ 運動 ⑦ 盛況 ⑧ 地域
	⑨ 戰鬪 ⑩ 公職 ⑪ 危機 ⑫ 家産

33 [ ]   34 [ ]
35 [ ]

03 다음 漢字의 訓과 音을 쓰시오. (36~54)

36 貧 [ ]		37 覽 [ ]	
38 歸 [ ]		39 散 [ ]	
40 徒 [ ]		41 藝 [ ]	
42 華 [ ]		43 胞 [ ]	
44 就 [ ]		45 討 [ ]	
46 鳥 [ ]		47 威 [ ]	
48 宣 [ ]		49 伏 [ ]	
50 適 [ ]		51 暇 [ ]	
52 納 [ ]		53 豆 [ ]	
54 烈 [ ]			

04 다음 밑줄 친 單語를 漢字로 바꾸어 쓰시오. (55~74)

(가) [55]행복은 [56]소유하고 있는 [57]재물의 양과 크기에 [58]비례한다고 생각하는 사람이 많다.

(나) 심한 [59]흉년을 맞아 [60]농촌이 피폐해 간다.

(다) 비속어와 외국어의 남용이 국어 [61]품격 [62]낙하의 [63]대표적 예라 하겠지만, 한자어의 지나친 기피로 인한 국어 품격 추락의 예도 매

우 많다. 국어 [64]사용의 [65]최고 전문가 [66]집단이 모인 방송 언어에서 '[67]사망' '별세' '순직' 같은 한자어를 피하여 "[68]화재 진압 중에 소방관이 '숨졌다', 교통사고로 경찰관이 숨졌다" 같은 한심한 표현을 자주 볼 수 있다.
㈑ 새 시대로의 [69]변개나 개혁에는 언제나 [70]선창하는 세력이 [71]필요하다.
㈒ [72]'노소', [73]'선악', [74]'조석' 등과 같이 반의자가 결합된 漢字語가 많다.

55 [　　　]　　56 [　　　]
57 [　　　]　　58 [　　　]
59 [　　　]　　60 [　　　]
61 [　　　]　　62 [　　　]
63 [　　　]　　64 [　　　]
65 [　　　]　　66 [　　　]
67 [　　　]　　68 [　　　]
69 [　　　]　　70 [　　　]
71 [　　　]　　72 [　　　]
73 [　　　]　　74 [　　　]

05 다음 漢字를 널리 쓰이는 略字로 고쳐 쓰시오. (75～77)

75 擧 [　　]　　76 區 [　　]
77 學 [　　]

06 다음 漢字語의 뜻을 간단히 풀이하시오. (78～80)

78 苦樂　　[　　　　　　]
79 旅費　　[　　　　　　]
80 壯觀　　[　　　　　　]

07 다음 각 글자와 뜻이 같거나 비슷한 漢字를 (　) 속에 적어 單語를 完成하시오. (81～83)

81 건전한 (　)想과 행동
82 (　)同의 노력과 단결
83 오랜 (　)患으로 고생하시다.

08 다음 각 글자와 뜻이 대립되는 漢字를 (　) 속에 적어 單語를 完成하시오. (84～86)

84 (　)白을 가리다.
85 不問曲(　)
86 大小長(　)을 따지다.

09 다음 漢字의 部首를 쓰시오. (87～89)

87 議 [　　]　　88 雪 [　　　]
89 船 [　　]

10 다음 (　) 안에 알맞은 漢字를 적어 四字成語를 完成하시오. (90～94)

90 (우이)讀經 : 소 귀에 경 읽기.
91 (수어)之交 : 아주 친하여 떨어질 수 없는 사이.
92 今始(초문) : 이제야 비로소 처음으로 들음.
93 (백해)無益 : 해만 될 뿐 이로울 것은 전혀 없음.
94 (동)問(서)答 : 묻는 말에 당치도 않은 대답을 함.

11 다음 單語의 同音異義語를 漢字로 쓰되, 제시된 뜻에 맞추시오. (95～97)

95 (否認) : 남의 아내의 높임말.
96 (助辭) : 사물의 내용을 자세히 살펴 봄.
97 (事記) : 선비의 기개.

12 다음 문장의 (　)에 들어갈 알맞은 말을 쓰시오. (98～100)

'晝'는 [98]'(　) 화'와 [99]'(　) 획'으로 읽히는 一字多音字이며, '更'은 '고칠 경'과 [100]'(　) 갱'의 두 가지 訓音으로 읽히는 글자이다.

98 [　　　]　　99 [　　　]
100 [　　　]

수험번호 □□□－□□－□□□□　　　　**성명** □□□□□

생년월일 □□□□□□

※ 유성 싸인펜, 붉은색 필기구 사용 불가.

※ 답안지는 컴퓨터로 처리되므로 구기거나 더럽히지 마시고, 정답 칸 안에만 쓰십시오. 글씨가 채점란으로 들어오면 오답처리가 됩니다.

제　　회 전국한자능력검정시험 4급 답안지(1)　　(시험시간 50분)

번호	정답	1검	2검	번호	정답	1검	2검	번호	정답	1검	2검
1				17				33			
2				18				34			
3				19				35			
4				20				36			
5				21				37			
6				22				38			
7				23				39			
8				24				40			
9				25				41			
10				26				42			
11				27				43			
12				28				44			
13				29				45			
14				30				46			
15				31				47			
16				32				48			

	감독위원	채점위원(1)		채점위원(2)		채점위원(3)	
	(서명)	(득점)	(서명)	(득점)	(서명)	(득점)	(서명)

※ 뒷면으로 이어짐

※ 답안지는 컴퓨터로 처리되므로 구기거나 더럽히지 마시고, 정답 칸 안에만 쓰십시오. 글씨가 채점란으로 들어오면 오답처리가 됩니다.

제　　회 전국한자능력검정시험 4급 답안지(2)

번호	정답	1검	2검	번호	정답	1검	2검	번호	정답	1검	2검
49				67				85			
50				68				86			
51				69				87			
52				70				88			
53				71				89			
54				72				90			
55				73				91			
56				74				92			
57				75				93			
58				76				94			
59				77				95			
60				78				96			
61				79				97			
62				80				98			
63				81				99			
64				82				100			
65				83							
66				84							

01 다음 밑줄 친 漢字語의 讀音을 쓰시오. (1~32)

○ [1]政府는 추가 [2]豫算을 편성해서라도 [3]農民들의 무거운 [4]納稅 [5]負擔을 덜어 주어야 한다.

○ [6]醫師는 내게 무엇보다 [7]充分한 [8]營養 섭취와 [9]休息을 취하도록 [10]忠告하였다

○ 전국의 은행이 서로 통신망으로 [11]連結되어 통장을 [12]發給한 은행이 아닌 다른 은행에서도 자신의 [13]口座에 들어 있는 돈을 [14]引出할 수 있다.

○ 우리 선수들의 [15]善戰으로 경기가 [16]逆轉되면서 [17]觀衆들의 [18]應援 [19]熱氣도 더한층 가열되었다

○ 고용 [20]保險은 우선 일정 [21]規模 이상의 [22]事業場을 [23]對象으로 하고 연차적으로 대상을 확대해 나가기로 하였다.

○ 기상청은 매일 인터넷 홈페이지를 통해서 기상도와 [24]衛星 [25]寫眞 등의 날씨 [26]情報를 제공한다.

○ [27]演士는 [28]間或 주먹으로 [29]敎卓을 내리치기도 하면서 열정적으로 [30]雄辯을 했다.

○ 해변은 공기가 맑고 [31]周邊 [32]景致가 아름다워 휴양객이 많이 찾는 곳이다.

1 [   ]   2 [   ]
3 [   ]   4 [   ]
5 [   ]   6 [   ]
7 [   ]   8 [   ]
9 [   ]   10 [   ]
11 [   ]   12 [   ]
13 [   ]   14 [   ]
15 [   ]   16 [   ]
17 [   ]   18 [   ]
19 [   ]   20 [   ]
21 [   ]   22 [   ]
23 [   ]   24 [   ]
25 [   ]   26 [   ]
27 [   ]   28 [   ]
29 [   ]   30 [   ]
31 [   ]   32 [   ]

02 위 문제에 출제된 다음 漢字語 중 첫 音節이 길게 발음되는 單語 3개를 골라 그 번호를 쓰시오. (33~35)

例			
① 政府	② 豫算	③ 農民	④ 負擔
⑤ 醫師	⑥ 充分	⑦ 營養	⑧ 休息
⑨ 忠告	⑩ 連結	⑪ 引出	⑫ 善戰

33 [   ]   34 [   ]
35 [   ]

03 다음 漢字의 訓과 音을 쓰시오. (36~54)

36 招 [   ]   37 映 [   ]
38 散 [   ]   39 籍 [   ]
40 雜 [   ]   41 粉 [   ]
42 疲 [   ]   43 整 [   ]
44 舞 [   ]   45 探 [   ]
46 革 [   ]   47 慮 [   ]
48 姿 [   ]   49 墓 [   ]
50 從 [   ]   51 犯 [   ]
52 珍 [   ]   53 導 [   ]
54 聽 [   ]

04 다음 밑줄 친 單語를 漢字로 바꾸어 쓰시오. (55~74)

○ 나는 주문했던 [55]물건이 마음에 들지 않아 [56]전화로 환송의 [57]방법을 구입처에 문의하였다.

○ 개인 [58]과외를 하는 그 [59]친구는 항상 문제은행을 [60]참고하여 수업을 준비한다.

○ 이러한 유물들은 [61]조상들의 협동 [62]생활의 본보기가 되는 [63]귀중한 유적들이다.

○ 안전벨트 ^[64]착용에 대한 대대적인 ^[65]단속을
^[66]강화한 이후 ^[67]교통 사고 발생률이 감소되
었다.

○ 철수는 도통 수업에 ^[68]집중을 못하고 책에
^[69]낙서나 긁적이기 일쑤이다.

○ 65세 이상의 노인들은 ^[70]지하철 ^[71]경로 우대
권을 받아 ^[72]무료로 승차할 수 있다.

○ 우리는 모처럼 맘먹었던 겨울 ^[73]여행을 포기
하고 ^[74]봉사 활동에 나섰다.

55 [   ]   56 [   ]

57 [   ]   58 [   ]

59 [   ]   60 [   ]

61 [   ]   62 [   ]

63 [   ]   64 [   ]

65 [   ]   66 [   ]

67 [   ]   68 [   ]

69 [   ]   70 [   ]

71 [   ]   72 [   ]

73 [   ]   74 [   ]

05 다음 漢字를 널리 쓰이는 略字로 고쳐 쓰시오. (75~77)

75 區 [   ]   76 畫 [   ]

77 輕 [   ]

06 다음 漢字語의 뜻을 쓰시오. (78~80)

78 殘餘   [   ]

79 開閉   [   ]

80 隱身   [   ]

07 다음 각 글자와 뜻이 같거나 비슷한 漢字를 ( ) 속에
적어 單語를 完成하시오. (81~83)

81 確 ~ ( )   82 ( ) ~ 術

83 ( ) ~ 擇

08 다음 漢字語와 뜻이 대립되는 漢字를 ( ) 속에 적어
單語를 完成하시오. (84~86)

84 ( )番 ↔ 非番   85 脫退 ↔ ( )入

86 ( )去 ↔ 未來

09 다음 漢字의 部首를 쓰시오. (87~89)

87 弟 [   ]   88 邑 [   ]

89 將 [   ]

10 다음 빈 칸에 알맞은 漢字를 적어 四字成語를 完成하시
오. (90~94)

90 得(의)滿(면) : 일이 뜻대로 이루어져 기쁜 표
정이 얼굴에 가득함.

91 自(초)至(종) : 처음부터 끝까지의 과정.

92 (백)折(불)屈 : 어떠한 난관에도 결코 굽히지
않음.

93 多(문)博(식) : 보고 들은 것이 많고 아는 것이
많음.

94 甘言(이)(설) : 귀가 솔깃하도록 남의 비위를
맞추거나 이로운 조건을 내세워 꾀는 말.

11 다음 單語의 同音異義語를 漢字로 쓰되, 제시된 뜻에
맞추시오. (95~97)

95 (造花) : 서로 잘 어울림.

96 (大安) : 어떤 안을 대신하는 안.

97 (二典) : 이제보다 전.

12 다음 문장의 밑줄(___) 부분에 들어갈 알맞을 말을 쓰시
오. (98~100)

'殺'은 '^[98](___)쇄'와 '^[99](___) 살'로 읽히는 一
字多音字이고, '管'은 '血管'에서는 '대롱'의 뜻
으로 쓰이고, '管理'에서는 ^[100](___)'의 뜻으로
쓰이는 글자이다.

98 [   ]   99 [   ]

100 [   ]

수험번호 □□□-□□-□□□□　　　　성명 □□□□□

생년월일 □□□□□□

※ 유성 싸인펜, 붉은색 필기구 사용 불가.

※ 답안지는 컴퓨터로 처리되므로 구기거나 더럽히지 마시고, 정답 칸 안에만 쓰십시오. 글씨가 채점란으로 들어오면 오답처리가 됩니다.

제　　회 전국한자능력검정시험 4급 답안지(1)　(시험시간 50분)

번호	정답	1검	2검	번호	정답	1검	2검	번호	정답	1검	2검
1				17				33			
2				18				34			
3				19				35			
4				20				36			
5				21				37			
6				22				38			
7				23				39			
8				24				40			
9				25				41			
10				26				42			
11				27				43			
12				28				44			
13				29				45			
14				30				46			
15				31				47			
16				32				48			

	감독위원	채점위원(1)		채점위원(2)		채점위원(3)	
	(서명)	(득점)	(서명)	(득점)	(서명)	(득점)	(서명)

※ 뒷면으로 이어짐

※ 답안지는 컴퓨터로 처리되므로 구기거나 더럽히지 마시고, 정답 칸 안에만 쓰십시오. 글씨가 채점란으로 들어오면 오답처리가 됩니다.

제   회 전국한자능력검정시험 4급 답안지(2)

번호	정답	1검	2검	번호	정답	1검	2검	번호	정답	1검	2검
49				67				85			
50				68				86			
51				69				87			
52				70				88			
53				71				89			
54				72				90			
55				73				91			
56				74				92			
57				75				93			
58				76				94			
59				77				95			
60				78				96			
61				79				97			
62				80				98			
63				81				99			
64				82				100			
65				83							
66				84							

01 다음 밑줄 친 漢字語의 讀音을 쓰시오. (1~32)

○ [1]亂世에 [2]人才가 자주 [3]出現하는 법이다.
○ [4]果敢히 [5]戰鬪에 나가 [6]風前 [7]燈火 같은 조국을 구하였다.
○ [8]刻苦 [9]勉學 끝에 [10]所期의 성과를 거두었다.
○ [11]着工에서부터 작은 [12]誤差와 [13]不順한 [14]日氣 등으로 인하여 고통을 겪었는데, 마무리 [15]段階에 접어들면서 비로소 [16]建物이 제 모양을 갖추어 보람을 느낄 수 있었다.
○ [17]鷄鳴 소리에 놀라 눈을 뜨니 마당엔 햇살이 [18]強烈하고 눈앞에 어른거리던 [19]花鳥는 한바탕 꿈에 불과한 것이었다.
○ [20]事故에 대한 [21]道義的 [22]責任을 피할 수 없어 회사에 [23]辭職書를 내고 고향 산골로 [24]修養을 떠났다.
○ 뜻 맞는 [25]親舊들과 [26]觀光地를 [27]遊覽하며 즐거운 시간을 보냈다.
○ [28]難局에서 [29]逃避하려 애쓰지 말고 [30]最善을 다하여 해결책을 찾아야 한다.
○ 그렇게 따뜻한 가정을 꾸몄던 [31]夫婦가 사소한 다툼으로 [32]破鏡에 이르고 말았다.

1 [   ]   2 [   ]
3 [   ]   4 [   ]
5 [   ]   6 [   ]
7 [   ]   8 [   ]
9 [   ]   10 [   ]
11 [   ]   12 [   ]
13 [   ]   14 [   ]
15 [   ]   16 [   ]
17 [   ]   18 [   ]
19 [   ]   20 [   ]
21 [   ]   22 [   ]
23 [   ]   24 [   ]
25 [   ]   26 [   ]
27 [   ]   28 [   ]
29 [   ]   30 [   ]
31 [   ]   32 [   ]

02 위 문제에 나온 다음 漢字語 중 첫 音節이 길게 발음되는 單語 3개를 골라 그 번호를 쓰시오. (33~35)

例	① 亂世 ② 人才 ③ 出現 ④ 戰鬪 ⑤ 風前 ⑥ 燈火 ⑦ 刻苦 ⑧ 勉學 ⑨ 着工

33 [   ]   34 [   ]
35 [   ]

03 다음 漢字의 訓과 音을 쓰시오. (36~54)

36 甘 [   ]   37 努 [   ]
38 姿 [   ]   39 如 [   ]
40 宣 [   ]   41 粉 [   ]
42 舞 [   ]   43 卵 [   ]
44 豆 [   ]   45 持 [   ]
46 況 [   ]   47 閉 [   ]
48 討 [   ]   49 聽 [   ]
50 周 [   ]   51 額 [   ]
52 傷 [   ]   53 悲 [   ]
54 均 [   ]

04 다음 밑줄 친 單語를 漢字로 바꾸어 쓰시오. (55~74)

○ 조국과 [55]민족의 장래를 염려하고 대비하는 일이 우리의 [56]중요한 [57]과업이다.
○ "나무 심기"의 [58]식수와 "마시는 물"의 [59]'식수'는 동음이의어 관계이다.
○ 요사이처럼 심한 기상 [60]변화와 [61]외환이 함께 닥칠 때에도 일의 [62]선후와 경중을 가려 대처한다.
○ 온갖 [63]거래나 [64]매매에 있어서는 [65]계산이 [66]분명하고 정확해야 한다.

○ [67]교우 관계는 물질적 [68]이해를 따지지 않고 성실한 믿음이 계속될 때에 이루어진다.
○ [69]역사적 인물은 언제나 자신을 희생하여 [70]다수를 구원하거나 충효에 모범이 되는 모습으로 나타난다.
○ [71]효경을 지극히 하는 사람이 대인관계에 있어서도 [72]조화로운 인품의 소지자인 경우가 많다.
○ [73]정지 [74]신호를 무시하는 차량이 사고를 자주 일으킨다.

55 [　　　]		56 [　　　]	
57 [　　　]		58 [　　　]	
59 [　　　]		60 [　　　]	
61 [　　　]		62 [　　　]	
63 [　　　]		64 [　　　]	
65 [　　　]		66 [　　　]	
67 [　　　]		68 [　　　]	
69 [　　　]		70 [　　　]	
71 [　　　]		72 [　　　]	
73 [　　　]		74 [　　　]	

05 다음 漢字를 널리 쓰이는 略字로 고쳐 쓰시오. (75~77)

75 當 [　　　]　　　76 傳 [　　　]

77 寫 [　　　]

06 다음 漢字語의 뜻을 풀이하시오. (78~80)

78 殘在　　　[　　　　　　　]

79 遺德　　　[　　　　　　　]

80 豫報　　　[　　　　　　　]

07 다음 각 글자와 뜻이 같거나 비슷한 漢字를 (　) 속에 적어 單語를 完成하시오. (81~83)

81 시인이 되려는 希(　)

82 (　)備 서류 목록

83 眼(　)이 높다.

08 다음 각 글자와 뜻이 반대 또는 대립되는 漢字를 (　) 속에 적어 單語를 完成하시오. (84~86)

84 冷(　)의 교차

85 生(　)를 함께 하다.

86 功(　)에 대한 엄정한 평가

09 다음 漢字의 部首를 쓰시오. (87~89)

87 店 [　　　]　　　88 昨 [　　　]

89 貴 [　　　]

10 다음 빈 칸에 알맞은 漢字를 적어 四字成語를 完成하시오. (90~94)

90 忠言逆(이) : 충직한 말은 귀에 거슬려 불쾌함.

91 (패)家亡身 : 가산을 없애고 몸을 망침.

92 (전)光石火 : 극히 짧은 시간.

93 角者(무)齒 : 뿔이 있는 자는 이가 없다는 뜻으로, 사람이 모든 복을 겸하지 못함을 이름.

94 今始(초)聞 : 이제야 비로소 처음으로 들음.

11 다음 單語의 同音語를 漢字로 쓰되, 제시된 뜻에 맞추시오. (95~97)

95 (政治) : 정을 돋우는 아름다운 흥치.

96 (俗氣) : 빨리 적음.

97 (斷續) : 주의를 기울여 다잡거나 보살핌.

12 다음 문장의 (　)에 들어갈 알맞은 말을 쓰시오. (98~100)

漢字에는 一字多音字 또는 多義字가 많이 있으니, 예를 들면 '暴'자는 [98]"(　　　)" 폭'과 [99]"(　　　)" [100]'(　　　)'의 두 가지 음과 뜻으로 달라진다.

98 [　　　]　　　99 [　　　]

100 [　　　]

수험번호 ☐☐☐-☐☐-☐☐☐☐　　　　**성명** ☐☐☐☐

생년월일 ☐☐☐☐☐☐

※ 유성 싸인펜, 붉은색 필기구 사용 불가.

※ 답안지는 컴퓨터로 처리되므로 구기거나 더럽히지 마시고, 정답 칸 안에만 쓰십시오. 글씨가 채점란으로 들어오면 오답처리가 됩니다.

제　　회 전국한자능력검정시험 4급 답안지(1)　（시험시간 50분）

번호	정답	1검	2검	번호	정답	1검	2검	번호	정답	1검	2검
	답 안 란	채점란			답 안 란	채점란			답 안 란	채점란	
1				17				33			
2				18				34			
3				19				35			
4				20				36			
5				21				37			
6				22				38			
7				23				39			
8				24				40			
9				25				41			
10				26				42			
11				27				43			
12				28				44			
13				29				45			
14				30				46			
15				31				47			
16				32				48			

	감독위원	채점위원(1)		채점위원(2)		채점위원(3)	
	(서명)	(득점)	(서명)	(득점)	(서명)	(득점)	(서명)

※ 뒷면으로 이어짐

※ 답안지는 컴퓨터로 처리되므로 구기거나 더럽히지 마시고, 정답 칸 안에만 쓰십시오. 글씨가 채점란으로 들어오면 오답처리가 됩니다.

제   회 전국한자능력검정시험 4급 답안지(2)

번호	정답	1검	2검	번호	정답	1검	2검	번호	정답	1검	2검
49				67				85			
50				68				86			
51				69				87			
52				70				88			
53				71				89			
54				72				90			
55				73				91			
56				74				92			
57				75				93			
58				76				94			
59				77				95			
60				78				96			
61				79				97			
62				80				98			
63				81				99			
64				82				100			
65				83							
66				84							

(채점란 머리글: 답 안 란 / 채점란, 번호 / 정답 / 1검 / 2검 — 3개 열 그룹 반복)

제8회

(社) 한국어문회 주관·한국한자능력검정회 시행

한자능력검정시험 4급 예상문제

문 항 수 : 100문항
합격문항 : 70문항
제한시간 : 50분

01 다음 밑줄 친 漢字語의 讀音을 쓰시오. (1~32)

○ 통신 [1]技術의 발달로 화상을 통한 회의, [2]在宅 [3]勤務 등이 가능해짐으로써 [4]餘暇 확대의 가능성이 더욱 커지고 있다.

○ [5]警察은 교통 [6]事犯에 대해 일제 [7]團束을 펴 승차 [8]拒否, 부당 [9]料金 징수 등의 혐의로 모두 1,000여 명을 적발하였다.

○ 대형 경기장에서 열리는 [10]公演이라 제대로 된 [11]觀覽을 위해서는 [12]望遠鏡이 [13]必要합니다.

○ 그분의 [14]節制되고 근면한 생활 [15]姿勢는 [16]後孫들 사이에서 두고두고 [17]稱頌되었다.

○ [18]職員들이 성취 [19]動機를 가질 수 있도록 수당을 [20]充分히 [21]支給하고, [22]優秀한 인재를 [23]確保하는 일이 [24]時急하다.

○ 산 정상에 올라 사면을 돌아보면 대자연의 웅대하고 [25]崇嚴한 [26]模樣에 [27]歎服하지 않을 수 없다.

○ 인류는 [28]初期에는 수렵과 [29]採集에 [30]依存하여 먹고 살다가 후에 동물을 사육하면서 [31]豊富하게 [32]食糧을 얻을 수 있었다.

1 [   ]   2 [   ]
3 [   ]   4 [   ]
5 [   ]   6 [   ]
7 [   ]   8 [   ]
9 [   ]   10 [   ]
11 [   ]   12 [   ]
13 [   ]   14 [   ]
15 [   ]   16 [   ]
17 [   ]   18 [   ]
19 [   ]   20 [   ]
21 [   ]   22 [   ]
23 [   ]   24 [   ]
25 [   ]   26 [   ]
27 [   ]   28 [   ]
29 [   ]   30 [   ]
31 [   ]   32 [   ]

02 위 문제에 출제된 다음 漢字語 중 첫 音節이 길게 발음되는 單語 3개를 골라 그 번호를 쓰시오. (33~35)

例

① 技術   ② 財宅   ③ 勤務   ④ 餘暇
⑤ 警察   ⑥ 團束   ⑦ 公演   ⑧ 觀覽
⑨ 後孫   ⑩ 稱頌   ⑪ 充分   ⑫ 支給

33 [   ]   34 [   ]
35 [   ]

03 다음 漢字의 訓과 音을 쓰시오. (36~54)

36 針 [   ]   37 混 [   ]
38 迎 [   ]   39 妨 [   ]
40 離 [   ]   41 壯 [   ]
42 持 [   ]   43 革 [   ]
44 胞 [   ]   45 輪 [   ]
46 徒 [   ]   47 勉 [   ]
48 謝 [   ]   49 推 [   ]
50 標 [   ]   51 腸 [   ]
52 投 [   ]   53 積 [   ]
54 候 [   ]

04 다음 밑줄 친 單語를 漢字로 바꾸어 쓰시오. (55~74)

○ 그녀는 자신의 [55]신념을 [56]현실로 실현시키기 위해 불철[57]주야로 노력하고 있다.

○ 우리 마을은 [58]농업이 주산업으로, 동부의 [59]평야 지대는 도내에서 첫째가는 쌀 [60]산지이다.

○ 대학 간에 벌어지는 [61]친선 경기는 [62]승패를 떠나서 [63]우애를 돈독히 하자는 취지에서 이루어진다.

○ 담배꽁초를 아무렇게나 버리는 것이 큰 [64]화재의 [65]원인이 될 수 있으니 [66]주의해 주십시오.

○ 신속한 복구 작업으로 전기와 [67]전화는 완전 복구됐고, [68]철도와 도로도 일부 [69]구간을 제외하고는 모두 복구되었다.

○ 해변은 [70]공기가 맑고 주변 [71]경치가 아름다워 [72]휴양객이 많이 찾는 곳이다

○ [73]환자의 병세가 빠른 [74]속도로 회복되고 있다.

55 [ ]	56 [ ]
57 [ ]	58 [ ]
59 [ ]	60 [ ]
61 [ ]	62 [ ]
63 [ ]	64 [ ]
65 [ ]	66 [ ]
67 [ ]	68 [ ]
69 [ ]	70 [ ]
71 [ ]	72 [ ]
73 [ ]	74 [ ]

05 다음 漢字를 널리 쓰이는 略字로 고쳐 쓰시오. (75~77)

75 無 [   ]   76 傳 [   ]

77 卒 [   ]

06 다음 漢字語의 뜻을 쓰시오. (78~80)

78 隱身   [   ]

79 誤判   [   ]

80 散髮   [   ]

07 다음 각 글자와 뜻이 같거나 비슷한 漢字를 (   )속에 적어 單語를 完成하시오. (81~83)

81 (   )康을 지키다.

82 孤(   )에 빠지다.

83 이웃에게 (   )仕하다.

08 다음 漢字語와 뜻이 대립되는 漢字를 (   )속에 적어 單語를 完成하시오. (84~86)

84 물건이 비싼 값에 (   )來된다.

85 그는 이 분야에 自(   )가 다 알아주는 전문가이다.

86 토론자들은 始(   ) 진중한 표정으로 대화를 나누었다.

09 다음 漢字의 部首를 쓰시오. (87~89)

87 衛 [   ]   88 賞 [   ]

89 馬 [   ]

10 다음 빈 칸에 알맞은 漢字를 적어 四字成語를 完成하시오. (90~94)

90 博(학)多(식) : 학식이 넓고 아는 것이 많음.

91 難攻(불)(락) : 공격하기가 어려워 쉽사리 함락되지 아니함.

92 朝變(석)(개) : 아침저녁으로 뜯어고친다는 뜻으로, 계획이나 결정 따위를 일관성이 없이 자주 고침을 이르는 말.

93 過失(상)(규) : 나쁜 행실을 하지 못하도록 서로 규제함.

94 千差(만)(별) : 여러 가지 사물이 모두 차이가 있고 구별이 있음.

11 다음 單語의 同音異義語를 漢字로 쓰되, 제시된 뜻에 맞추시오. (95~97)

95 在庫 ~ (   ) : 어떤 일이나 문제 따위에 대하여 다시 생각함.

96 假裝 ~ (   ) : 한 가정을 이끌어 나가는 사람.

97 私情 ~ (   ) : 조사하여 그릇된 것을 바로잡음.

12 다음 문장의 밑줄(   ) 부분에 들어갈 알맞을 말을 쓰시오. (98~100)

漢字에는 一字多音字 또는 一字多義字가 많이 있으니, 예컨대 '暴' 字는 [98]"(   )" '폭'와 [99]"(   )" [100]'(   )'의 두 가지 음과 뜻으로 달라지는 것이다.

98 [   ]   99 [   ]

100 [   ]

수험번호 □□□ - □□ - □□□□　　　　**성명** □□□□□

생년월일 □□□□□□　　　　※ 유성 싸인펜, 붉은색 필기구 사용 불가.

※ 답안지는 컴퓨터로 처리되므로 구기거나 더럽히지 마시고, 정답 칸 안에만 쓰십시오. 글씨가 채점란으로 들어오면 오답처리가 됩니다.

제　회 전국한자능력검정시험 4급 답안지(1)　（시험시간 50분）

번호	정답	1검	2검	번호	정답	1검	2검	번호	정답	1검	2검
1				17				33			
2				18				34			
3				19				35			
4				20				36			
5				21				37			
6				22				38			
7				23				39			
8				24				40			
9				25				41			
10				26				42			
11				27				43			
12				28				44			
13				29				45			
14				30				46			
15				31				47			
16				32				48			

감독위원	채점위원(1)		채점위원(2)		채점위원(3)	
(서명)	(득점)	(서명)	(득점)	(서명)	(득점)	(서명)

※ 뒷면으로 이어짐

※ 답안지는 컴퓨터로 처리되므로 구기거나 더럽히지 마시고, 정답 칸 안에만 쓰십시오. 글씨가 채점란으로 들어오면 오답처리가 됩니다.

제　　회 전국한자능력검정시험 4급 답안지(2)

번호	정답	1검	2검	번호	정답	1검	2검	번호	정답	1검	2검
49				67				85			
50				68				86			
51				69				87			
52				70				88			
53				71				89			
54				72				90			
55				73				91			
56				74				92			
57				75				93			
58				76				94			
59				77				95			
60				78				96			
61				79				97			
62				80				98			
63				81				99			
64				82				100			
65				83							
66				84							

한자능력검정시험 4급 예상문제

01 다음 글에서 밑줄 친 單語 중 한글로 표기된 것은 漢字(正字)로, 漢字로 표기된 것은 한글로 고쳐 쓰시오. (1~38)

○ 우리 [1]생활을 [2]支配하는 대부분의 [3]신념, [4]法律, [5]制度, 그리고 [6]풍습은 타당한 일반화에 의해 만들어졌다.

○ 분류와 [7]구분은 여러 대상을 일정한 [8]원리에 따라서 나누어 대상을 상호 [9]關係나 각 대상이 전체에서 차지한 [10]位置를 드러내는 [11]설명 방법이다.

○ 비무장 [12]地帶는 軍의 [13]작전과도 [14]密接한 관련이 있는 지역이므로, 이 지역의 동물과 [15]식물을 [16]조사하려면 軍 [17]當局의 [18]積極적인 [19]協助가 있어야 한다.

○ 훈민정음을 [20]創製하기는 하였으나, 그것으로 공문서를 작성하거나 [21]역사를 [22]記錄하거나 [23]학술을 論하는 데에 [24]사용하려고 하지는 않았다. 오로지 [25]백성을 [26]교화하는 [27]목적의 [28]書籍들에서만 훈민정음을 사용하려 하였다.

○ [29]傳統은 새로운 창조의 [30]재료요 방법이며, [31]주체요 가치이다.

○ [32]朝鮮 [33]시대까지는 傳統이 있었지만 우리의 신문화 [34]운동은 그 傳統을 부정하면서 [35]전개되었기 때문에 현대의 우리는 傳統과 [36]斷絶된 [37]狀態에 처해 있다는 [38]見解가 있다.

1 [   ]   2 [   ]
3 [   ]   4 [   ]
5 [   ]   6 [   ]
7 [   ]   8 [   ]
9 [   ]   10 [   ]
11 [   ]   12 [   ]
13 [   ]   14 [   ]
15 [   ]   16 [   ]
17 [   ]   18 [   ]
19 [   ]   20 [   ]
21 [   ]   22 [   ]
23 [   ]   24 [   ]
25 [   ]   26 [   ]
27 [   ]   28 [   ]
29 [   ]   30 [   ]
31 [   ]   32 [   ]
33 [   ]   34 [   ]
35 [   ]   36 [   ]
37 [   ]   38 [   ]

02 위 문제에 출제된 다음 漢字語 중 첫 音節이 길게 발음되는 單語 셋을 골라 그 번호를 차례대로 쓰시오. (39~41)

例	① 생활	② 신념	③ 關係	④ 位置
	⑤ 地帶	⑥ 制度	⑦ 密接	⑧ 조선
	⑨ 전개	⑩ 法律		

39 [   ]   40 [   ]
41 [   ]

03 다음 漢字의 訓과 音을 쓰시오. (42~63)

42 走 [   ]   43 息 [   ]
44 官 [   ]   45 構 [   ]
46 儀 [   ]   47 仁 [   ]
48 細 [   ]   49 複 [   ]
50 烈 [   ]   51 留 [   ]
52 混 [   ]   53 紅 [   ]
54 閉 [   ]   55 針 [   ]
56 察 [   ]   57 認 [   ]
58 崇 [   ]   59 射 [   ]
60 武 [   ]   61 黨 [   ]
62 嚴 [   ]   63 派 [   ]

04 다음 문장에서 밑줄 친 漢字語의 讀音을 쓰시오. (64~74)

64 그의 열렬한 探究 정신 [   ]

65 오늘은 일찍 歸家했다. [   ]

66 비상시를 대비해 食糧을 비축 [   ]

67 예전엔 通禁 시간이 있었다. [   ]

68 적군에게 攻擊을 퍼붓다. [   ]

69 위생과 淸潔에 주의하다. [   ]

70 마술사가 妙技를 보여 주었다. [   ]

71 성적이 優秀한 학생 [   ]

72 올바른 姿勢로 앉다. [   ]

73 신입생을 歡迎하다. [   ]

74 怨恨을 풀다. [   ]

05 다음 漢字의 部首를 쓰시오. (75~77)

75 域 [   ]   76 豫 [   ]

77 脫 [   ]

06 다음 漢字를 널리 쓰이는 略字로 고쳐 쓰시오. (78~80)

78 舊 [   ]   79 鐵 [   ]

80 賣 [   ]

07 다음 漢字語와 讀音이 같은 漢字語가 되도록 ( ) 안에 漢字(正字)를 쓰되, 제시된 뜻에 맞추시오. (81~83)

81 街談 ~ ( )擔 : 같은 편이 되어 함께 일함

82 住持 ~ 周( ) : 여러 사람이 두루 앎

83 小福 ~ 素( ) : 흰옷(상복)

08 다음 밑줄 친 각 글자와 뜻이 같거나 비슷한 漢字를 ( ) 속에 적어 單語를 完成하시오. (84~86)

84 갓 입사한 (   )端 사원

85 그는 모든 자격 조건을 (   )備했다.

86 멍하니 虛(   )만 바라보다.

09 다음 각 글자의 反義字, 또는 뜻이 對立되는 漢字를 ( ) 속에 적어 널리 통용되는 單語를 만드시오. (87~89)

87 自( )가 공인하는 최고의 선수

88 동양화는 (   )白의 조화이다.

89 주가가 登( )을 거듭하다.

10 다음 漢字語의 뜻을 쓰시오. (90~92)

90 眼球 [   ]

91 船路 [   ]

92 血液 [   ]

11 다음 ( ) 안의 글자를 알맞은 漢字로 적어 四字成語를 完成하시오. 93~97)

93 始(종)如一 : 처음부터 끝까지 한결같음

94 (미)辭麗句 : 좋은 말과 화려한 글귀

95 離合(집)散 : 헤어졌다 모였다함

96 至誠(감)天 : 지극한 정성에 하늘이 감동함

97 多多益(선) : 많을수록 좋음

12 다음 문장의 ( ) 안에 들어갈 알맞은 말을 쓰시오. (98~100)

漢字 '樂' 字는 [98]"(   ) 락", [99]"(   ) 악", [100]"(   ) 요"와 같이 세 가지 뜻과 세 가지 음을 가지는 글자이다.

98 [   ]   99 [   ]

100 [   ]

수험번호 □□□-□□-□□□□　　　　**성명** □□□□□

생년월일 □□□□□□

※ 유성 싸인펜, 붉은색 필기구 사용 불가.

※ 답안지는 컴퓨터로 처리되므로 구기거나 더럽히지 마시고, 정답 칸 안에만 쓰십시오. 글씨가 채점란으로 들어오면 오답처리가 됩니다.

제　　회 전국한자능력검정시험 4급 답안지(1)　　(시험시간 50분)

번호	정답	1검	2검	번호	정답	1검	2검	번호	정답	1검	2검
1				17				33			
2				18				34			
3				19				35			
4				20				36			
5				21				37			
6				22				38			
7				23				39			
8				24				40			
9				25				41			
10				26				42			
11				27				43			
12				28				44			
13				29				45			
14				30				46			
15				31				47			
16				32				48			

감독위원	채점위원(1)		채점위원(2)		채점위원(3)	
(서명)	(득점)	(서명)	(득점)	(서명)	(득점)	(서명)

※ 뒷면으로 이어짐

※ 답안지는 컴퓨터로 처리되므로 구기거나 더럽히지 마시고, 정답 칸 안에만 쓰십시오. 글씨가 채점란으로 들어오면 오답처리가 됩니다.

제　　회 전국한자능력검정시험 4급 답안지(2)

번호	정답	1검	2검	번호	정답	1검	2검	번호	정답	1검	2검
49				67				85			
50				68				86			
51				69				87			
52				70				88			
53				71				89			
54				72				90			
55				73				91			
56				74				92			
57				75				93			
58				76				94			
59				77				95			
60				78				96			
61				79				97			
62				80				98			
63				81				99			
64				82				100			
65				83							
66				84							

01 다음 밑줄 친 漢字語의 讀音을 쓰시오. (1~32)

○ 우리나라 기업들이 [1]海外의 [2]建築 [3]工事에도 활발하게 [4]參與하고 있다.

○ [5]大學校 [6]書庫에서 [7]文化財로 [8]指定할 만한 [9]貴重한 [10]高麗 [11]中期 [12]資料들이 [13]發見되었다.

○ 어떠한 [14]逆境이 닥치더라도 [15]希望을 버리지 않고 [16]繼續 [17]努力한다면 반드시 [18]機會는 온다.

○ [19]義務를 [20]實行하지 않고 [21]權利만 [22]主張하는 사람이 [23]多數가 되면 [24]構成員들 간에 [25]紛爭이 많아지기 마련이다.

○ 올해의 [26]優秀 [27]藝術家 [28]賞을 받은 배우들이 [29]演劇이 끝나고 함께 노래를 [30]熱唱하자 [31]觀客들은 [32]歡呼했다.

1 [   ] 2 [   ]
3 [   ] 4 [   ]
5 [   ] 6 [   ]
7 [   ] 8 [   ]
9 [   ] 10 [   ]
11 [   ] 12 [   ]
13 [   ] 14 [   ]
15 [   ] 16 [   ]
17 [   ] 18 [   ]
19 [   ] 20 [   ]
21 [   ] 22 [   ]
23 [   ] 24 [   ]
25 [   ] 26 [   ]
27 [   ] 28 [   ]
29 [   ] 30 [   ]
31 [   ] 32 [   ]

02 다음 漢字語 중 첫 音節이 길게 발음되는 單語 3개를 골라 그 번호를 순서대로 쓰시오. (33~35)

例

① 得失　② 普通　③ 移民　④ 疑問
⑤ 雜草　⑥ 費用　⑦ 全擔　⑧ 接着
⑨ 順從　⑩ 折半　⑪ 增強　⑫ 靑松

33 [   ] 34 [   ]
35 [   ]

03 다음 漢字의 訓과 音을 쓰시오. (36~54)

36 總 [   ] 37 閑 [   ]
38 就 [   ] 39 競 [   ]
40 錄 [   ] 41 伐 [   ]
42 碑 [   ] 43 貧 [   ]
44 屈 [   ] 45 團 [   ]
46 損 [   ] 47 映 [   ]
48 遊 [   ] 49 雄 [   ]
50 積 [   ] 51 操 [   ]
52 織 [   ] 53 聽 [   ]
54 閉 [   ]

04 다음 밑줄 친 單語를 漢字로 바꾸어 쓰시오. (55~74)

○ 두 가지 [55]이상의 [56]물질이 섞여 있는 것을 혼합물이라고 한다.

○ 다양한 [57]생산 [58]활동은 직업 과 밀접한 관련이 있다.

○ [59]등장 인물의 [60]성격에 따라 [61]소설의 [62]전개가 달라질 수 있다.

○ 그 [63]선수는 [64]신체적인 약점에도 불구하고, [65]자신감을 갖고 [66]최선을 다하는 [67]용기 있는 모습을 보여주었다.

○ 지난 [68]월말에 자신의 [69]의사를 [70]분명하게 표현하는 [71]방법과 [72]필요에 대하여 [73]교육 받고 난 뒤에 이에 대해 더욱 [74]관심이 생겼다.

55 [   ]   56 [   ]

57 [   ]   58 [   ]

59 [   ]   60 [   ]

61 [   ]   62 [   ]

63 [   ]   64 [   ]

65 [   ]   66 [   ]

67 [   ]   68 [   ]

69 [   ]   70 [   ]

71 [   ]   72 [   ]

73 [   ]   74 [   ]

05 다음 漢字를 널리 쓰이는 略字로 고쳐 쓰시오. (75~77)

75 船 [   ]   76 傳 [   ]

77 禮 [   ]

06 다음 漢字語의 뜻을 쓰시오. (78~80)

78 遺傳   [   ]

79 看破   [   ]

80 榮華   [   ]

07 다음 문장의 밑줄 친 單語와 뜻이 같거나 비슷한 漢字語가 되도록 ( ) 안에 적절한 漢字를 쓰시오. (81~83)

81 그녀는 <u>儉約</u> 정신이 투철하다. ~ (   )約

82 중국에서 독립운동을 하시던 할아버지는 평생 <u>故國</u>을 그리워하셨다. ~ (   )國

83 추석을 맞이하여 <u>歸鄕</u>길에 친척집에 들러 인사를 드렸다. ~ 歸(   )

08 다음 제시한 單語와 뜻이 대립되는 漢字語가 되도록 ( ) 안에 적절한 漢字를 쓰시오. (84~86)

84 結果 ↔ 原(   )

85 冷情 ↔ (   )情

86 散在 ↔ 密(   )

09 다음 漢字의 部首를 쓰시오. (87~89)

87 聖 [   ]   88 肅 [   ]

89 威 [   ]

10 다음 ( ) 안에 알맞은 漢字를 적어 四字成語를 完成하시오. (90~94)

90 緣( )求( ) : 불가능한 일을 굳이 하려 함을 비유적으로 이르는 말.

91 ( )備無( ) : 준비가 되어 있으면 걱정할 것이 없음.

92 ( )目口( ) : 귀, 눈, 코, 입을 아울러 이르는 말.

93 朝( )夕( ) : 일을 자주 뜯어 고침을 이르는 말.

94 興盡悲( ) : 즐거운 일이 다하면 슬픔이 다가온다는 뜻으로 세상 일은 순한되는 것임을 이르는 말.

11 다음 單語의 同音異義語를 漢字로 쓰되, 오른쪽에 제시된 뜻에 맞추시오. (95~97)

95 施工 ~ (   ) : 시간과 공간.

96 食水 ~ (   ) : 나무를 심음.

97 經路 ~ (   ) : 노인을 공경함.

12 다음 문장의 밑줄(___) 부분에 들어갈 알맞은 말(훈)을 쓰시오. (98~100)

○ '降'은 [98](____) 강'과 [99](____) 항'로 읽히는 一字多音字이다.

○ '報'는 '報答'에서는 '갚다'의 뜻으로 쓰이고, '報告'에서는 [100](____)'의 뜻으로 쓰이는 글자이다.

98 [   ]   99 [   ]

100 [   ]

수험번호 □□□-□□-□□□□　　　**성명** □□□□□

생년월일 □□□□□□

※ 유성 싸인펜, 붉은색 필기구 사용 불가.

※ 답안지는 컴퓨터로 처리되므로 구기거나 더럽히지 마시고, 정답 칸 안에만 쓰십시오. 글씨가 채점란으로 들어오면 오답처리가 됩니다.

제　　회 전국한자능력검정시험 4급 답안지(1)　(시험시간 50분)

번호	정답	1검	2검	번호	정답	1검	2검	번호	정답	1검	2검
	답 안 란	채점란			답 안 란	채점란			답 안 란	채점란	
1				17				33			
2				18				34			
3				19				35			
4				20				36			
5				21				37			
6				22				38			
7				23				39			
8				24				40			
9				25				41			
10				26				42			
11				27				43			
12				28				44			
13				29				45			
14				30				46			
15				31				47			
16				32				48			

	감독위원	채점위원(1)		채점위원(2)		채점위원(3)	
	(서명)	(득점)	(서명)	(득점)	(서명)	(득점)	(서명)

※ 뒷면으로 이어짐

※ 답안지는 컴퓨터로 처리되므로 구기거나 더럽히지 마시고, 정답 칸 안에만 쓰십시오. 글씨가 채점란으로 들어오면 오답처리가 됩니다.

제 　 회 전국한자능력검정시험 4급 답안지(2)

번호	정답	1검	2검	번호	정답	1검	2검	번호	정답	1검	2검
49				67				85			
50				68				86			
51				69				87			
52				70				88			
53				71				89			
54				72				90			
55				73				91			
56				74				92			
57				75				93			
58				76				94			
59				77				95			
60				78				96			
61				79				97			
62				80				98			
63				81				99			
64				82				100			
65				83							
66				84							

한자능력검정시험 4급 예상문제 정답

【제1회】예상문제(65p~66p)

1 공격	2 과감	3 수비	4 엄중
5 고유어	6 적합	7 이성	8 영역
9 표출	10 절묘	11 조화	12 세기
13 산아	14 제한	15 추진	16 권장
17 육체적	18 손상	19 정신적	20 유흥
21 경비	22 범죄	23 빈부	24 근면
25 성실	26 덕목	27 혼례	28 간소
29 전개	30 양식	31 모양	32 태도
33 ① 공격	34 ④ 이성	35 ⑥ 권장	36 계절 계
37 기후 후	38 의지할 의	39 베낄 사	40 고울 려
41 쌓을 적	42 다스릴 치	43 일어날 기	44 도망할 도
45 엎드릴 복	46 슬플 비	47 줄 수	48 만날 우
49 닭 계	50 재주 예	51 고요할 정	52 감독할 독
53 위로할 위	54 낮 주	55 落葉	56 冬節
57 遠近	58 善惡	59 氷炭	60 給料
61 奉仕	62 景致	63 思考	64 寒冷
65 氣運	66 歷史	67 談話	68 可親
69 法規	70 植樹	71 食水	72 選擧
73 同參	74 災害	75 軽	76 会
77 伝	78 마지막	79 떳떳한 도리	80 미리 알림
81 空	82 財	83 屋, 宅	84 生
85 直	86 舊, 古	87 彳	88 广
89 田	90 電	91 賞	92 草
93 短	94 耳	95 關門	96 兵士
97 夫人	98 악	99 좋아할	100 폭

【제2회】예상문제(69p~70p)

1 낙도	2 초등	3 자매	4 결연
5 선조	6 예술적	7 감각	8 후손
9 유전	10 민족	11 영위	12 연설
13 선거	14 유세장	15 군집	16 장성
17 직업	18 신무기	19 시범	20 찬사
21 담당	22 비판	23 수용	24 주위
25 환경	26 적응	27 창제	28 양반층
29 독점	30 백성	31 대담	32 잡지
33 34 35 ④ 藝術 ⑤ 感覺 ⑥ 後孫		36 들일 납	
37 울 명	38 엎드릴 복	39 뼈 골	40 부지런할 근
41 임금 제	42 붉을 홍	43 도둑 도	44 맞을 영
45 클 거	46 한가할 한	47 생각할 려	48 칠 박
49 실 사	50 부를 초	51 거리 가	52 아재비 숙
53 얽을 구	54 용 룡	55 奉仕	56 活動
57 反面	58 旅行家	59 世界	60 景致
61 有名	62 學校	63 窓門	64 建物
65 使用	66 期間	67 許可	68 約束
69 到着	70 流通	71 來年	72 開放
73 勝利	74 信念	75 売	76 体
77 区	78 남아 있음	79 빨리 알림	80 뒤를 이어 받음
81 停	82 望	83 爭	84 去
85 賞	86 炭	87 田	88 木
89 口	90 馬, 友	91 始, 終	92 立, 無
93 朝, 夕	94 雨, 調	95 書記	96 實數
97 苦戰	98 형상	99 문서	100 나누다

【제3회】예상문제(73p~74p)

1 자금	2 유입	3 증거	4 도피
5 범인	6 박차	7 근면	8 모범
9 계층	10 빈곤	11 담당	12 업무
13 혁신	14 민중	15 폭압	16 굴복
17 부상	18 감금	19 항거	20 독립
21 방영	22 격파	23 경연	24 관람
25 전화	26 좌석	27 예약	28 궁리
29 관계	30 요령	31 분노	32 정밀
33 ①	34 ③	35 ⑥	36 기쁠 환
37 헤아릴 측	38 가르킬 지	39 아재비 숙	40 고울 선
41 옮길 이	42 오로지 전	43 푸를 록	44 이끌 도
45 들일 납	46 거울 경	47 흩어질 산	48 법 규
49 일어날 기	50 간략할/약할 략		51 기울 경
52 편안 강	53 도울 원	54 화할 협	55 物件
56 價格	57 計算	58 順序	59 訓練
60 病院	61 特使	62 任命	63 出發
64 表情	65 變化	66 效果	67 所願
68 育成	69 旅費	70 強風	71 湖水
72 災害	73 勇士	74 飮食	75 図
76 医	77 売	78 우편으로 보냄	
79 따라다니며 보호하고 지킴		80 (행정구역인) 통의 대표자	
81 屋	82 考	83 急	84 樂
85 輕	86 舊	87 八	88 耳
89 犬	90 戰決	91 信賞	92 氷角
93 目不	94 言利	95 時空	96 敬老
97 同期	98 내릴	99 항복할	100 석 삼

【제4회】예상문제(77p~78p)

1 연구	2 가설	3 필요	4 진전
5 단계	6 순서	7 군중	8 도보
9 경주	10 참여	11 양곡	12 관리
13 수립	14 경제	15 상황	16 고위
17 전직	18 양태	19 투계	20 비평
21 정치	22 예술	23 조기	24 근원
25 제거	26 분홍	27 청색	28 녹색
29 고유어	30 통합	31 변설	32 허언
33 ①	34 ⑥	35 ⑧	36 눈 안
37 모양 자	38 샘 천	39 찾을 탐	40 닫을 폐
41 배 항	42 칠 토	43 모을 축	44 새 조
45 꾸밀 장	46 경영할 영	47 베풀 선	48 칠 박
49 묘할 묘	50 어지러울 란	51 감독할 독	52 따뜻할 난
53 굽힐 굴	54 부지런할 근	55 凶作	56 農村
57 自動車	58 家屋	59 幸福	60 比例
61 給料	62 物心	63 奉仕	64 品格
65 落下	66 代表的	67 別世	68 火災
69 變改	70 先唱	71 團體	72 結束
73 善惡	74 朝夕	75 擧	76 区
77 鉄	78 훌륭한 광경	79 찬양하는 노래	
80 치하할 만한 기쁜 일		81 住	82 病(疾)
83 財	84 直	85 短	86 黑
87 力	88 父	89 舟	90 兄弟
91 初聞	92 功賞	93 百害	94 草木
95 士氣	96 敬老	97 水銀	98 내릴
99 항복할	100 보시		

【제5회】예상문제(81p~82p)

1 박수	2 주연	3 등단	4 군계
5 장래	6 추계	7 운동	8 성황
9 진행	10 지역	11 전투	12 공방
13 계속	14 분골	15 공직	16 봉사
17 폭격	18 무기	19 군비	20 유생
21 정신	22 위기	23 심신	24 가산
25 호국	26 장구	27 수사	28 주거
29 이전	30 당연	31 변설	32 진실
33 ⑥	34 ⑦	35 ⑨	36 가난할 빈
37 볼 람	38 돌아갈 귀	39 흩을 산	40 무리 도
41 재주 예	42 빛날 화	43 세포 포	44 나아갈 취
45 칠 토	46 새 조	47 위엄 위	48 베풀 선
49 엎드릴 복	50 맞을 적	51 틈(겨를) 가	52 들일 납
53 콩 두	54 매울 렬	55 幸福	56 所有
57 財物	58 比例	59 凶年	60 農村
61 品格	62 落下	63 代表的	64 使用
65 最高	66 集團	67 死亡	68 火災
69 變改	70 先唱	71 必要	72 老少
73 善惡	74 朝夕	75 擧	76 区
77 学	78 괴로움과 즐거움		79 여행 비용
80 훌륭한 광경	81 思	82 共	83 病
84 黑	85 直	86 短	87 言
88 雨	89 舟	90 牛耳	91 水魚
92 初聞	93 百害	94 東, 西	95 夫人(婦人)
96 調査	97 士氣	98 그림	99 그을
100 다시			

【제7회】예상문제(89p~90p)

1 난세	2 인재	3 출현	4 과감
5 전투	6 풍전	7 등화	8 각고
9 면학	10 소기	11 착공	12 오차
13 불순	14 일기	15 단계	16 건물
17 계명	18 강렬	19 화조	20 사고
21 도의적	22 책임	23 사직서	24 수양
25 친구	26 관광지	27 유람	28 난국
29 도피	30 최선	31 부부	32 파경
33 ①	34 ④	35 ⑧	36 달 감
37 힘쓸 노	38 모양 자	39 같을 여	40 베풀 선
41 가루 분	42 춤출 무	43 알 란	44 콩 두
45 가질 지	46 상황 황	47 닫을 폐	48 칠 토
49 들을 청	50 두루 주	51 이마 액	52 다칠 상
53 슬플 비	54 고를 균	55 民族	56 重要
57 課業	58 植樹	59 食水	60 變化
61 外患	62 先後	63 去來	64 賣買
65 計算	66 分明	67 交友	68 利害
69 歷史	70 多數	71 孝敬	72 調和
73 停止	74 信號	75 当	76 伝
77 写	78 남아 있음	79 후세에 남은 은덕	
80 미리 알림	81 望	82 具	83 目
84 溫	85 死	86 過	87 广
88 日	89 貝	90 耳	91 敗
92 電	93 無	94 初	95 情致
96 速記	97 團束	98 사나울	99 모질
100 포			

【제6회】예상문제(85p~86p)

1 정부	2 예산	3 농민	4 납세
5 부담	6 의사	7 충분	8 영양
9 휴식	10 충고	11 연결	12 발급
13 구좌	14 인출	15 선전	16 역전
17 관중	18 응원	19 열기	20 보험
21 규모	22 사업장	23 대상	24 위성
25 사진	26 정보	27 연사	28 간혹
29 교탁	30 웅변	31 주변	32 경치
33 34 35 ② ④ ⑫		36 부를 초	37 비칠 영
38 흩을 산	39 문서 적	40 섞을 잡	41 가루 분
42 피곤할 피	43 가지런할 정	44 춤출 무	45 캘 채
46 가죽 혁	47 생각할 려	48 모양 자	49 무덤 묘
50 좇을 종	51 범할 범	52 보배 진	53 인도할 도
54 들을 청	55 物件	56 電話	57 方法
58 課外	59 親舊	60 參考	61 祖上
62 生活	63 貴重	64 着用	65 團束
66 强化	67 交通	68 集中	落書
70 地下鐵	71 敬老	72 無料	73 旅行
74 奉仕	75 区	76 画	77 軽
78 남아 있음./나머지		79 열고 닫음	80 몸을 숨김
81 固	82 技 / 藝	83 選	84 當
85 加	86 過	87 弓	88 邑
89 寸	90 意 面	91 初 終	92 百 不
93 聞 識	94 利 說	95 調和	96 代案
97 以前	98 감할	99 죽일	100 주관하다

【제8회】예상문제(93p~94p)

1 기술	2 재택	3 근무	4 여가
5 경찰	6 사범	7 단속	8 거부
9 요금	10 공연	11 관람	12 망원경
13 필요	14 절제	15 자세	16 후손
17 칭송	18 직원	19 동기	20 충분
21 지급	22 우수	23 확보	24 시급
25 숭엄	26 모양	27 탄복	28 초기
29 채집	30 의존	31 풍부	32 식량
33 34 35 3 5 9		36 바늘 침	37 섞을 혼	38 맞을 영
39 방해할 방	40 떠날 리	41 장할 장	42 가질 지
43 가죽 혁	44 세포 포	45 바퀴 륜	46 무리 도
47 힘쓸 면	48 사례할 사	49 밀 추	50 표할 표
51 창자 장	52 던질 투	53 쌓을 적	54 기후 후
55 信念	56 現實	57 晝夜	58 農業
59 平野	60 産地	61 親善	62 勝敗
63 友愛	64 火災	65 原因	66 注意
67 電話	68 鐵道	69 區間	70 空氣
71 景致	72 休養客	73 患者	74 速度
75 无	76 伝	77 卆	78 몸을 숨김.
79 잘못 보거나 잘못 판단함.		80 머리를 풀어 헤침.	
81 健	82 獨	83 奉	84 去
85 他	86 終	87 行	88 貝
89 馬	90 學 識	91 不 落	92 夕 改
93 相 規	94 萬 別	95 再 考	96 家長
97 査正	98 사나울	99 모질	100 포

【제9회】예상문제(97p~98p)

1 生活	2 지배	3 信念	4 법률
5 제도	6 風習	7 區分	8 原理
9 관계	10 위치	11 說明	12 지대
13 作戰	14 밀접	15 植物	16 調査
17 당국	18 적극	19 협조	20 창제
21 歷史	22 기록	23 學術	24 使用
25 百姓	26 敎化	27 目的	28 서적
29 전통	30 材料	31 主體	32 조선
33 時代	34 運動	35 展開	36 단절
37 상태	38 견해	39 ②	40 ⑥
41 ⑨	42 달릴 주	43 쉴 식	44 벼슬 관
45 얽을 구	46 거동 의	47 어질 인	48 가늘 세
49 겹칠 복	50 매울 렬	51 머무를 류	52 섞을 혼
53 붉을 홍	54 닫을 폐	55 바늘 침	56 살필 찰
57 알 인	58 높을 숭	59 쏠 사	60 호반 무
61 무리 당	62 엄할 엄	63 갈래 파	64 탐구
65 귀가	66 식량	67 통금	68 공격
69 청결	70 묘기	71 우수	72 자세
73 환영	74 원한	75 土	76 家
77 月(肉)	78 旧	79 鉄	80 売
81 加	82 知	83 服	84 末
85 具	86 空	87 他	88 黑
89 落	90 눈알	91 뱃길	92 피
93 終	94 美	95 集	96 感
97 善	98 즐길	99 노래	100 좋아할

【제10회】예상문제(101p~102p)

1 해외	2 건축	3 공사	4 참여
5 대학교	6 서고	7 문화재	8 지정
9 귀중	10 고려	11 중기	12 자료
13 발견	14 역경	15 희망	16 계속
17 노력	18 기회	19 의무	20 실행
21 권리	22 주장	23 다수	24 구성원
25 분쟁	26 우수	27 예술가	28 상
29 연극	30 열창	31 관객	32 환호
33 ②	34 ⑥	35 ⑨	36 다 총
37 한가할 한	38 나아갈 취	39 다툴 경	40 기록할 록
41 칠 벌	42 비석 비	43 가난할 빈	44 굽힐 굴
45 둥글 단	46 덜 손	47 비칠 영	48 놀 유
49 수컷 웅	50 쌓을 적	51 잡을 조	52 짤 직
53 들을 청	54 닫을 폐	55 以上	56 物質
57 生産	58 活動	59 登場	60 性格
61 小說	62 展開	63 選手	64 身體
65 自信感	66 最善	67 勇氣	68 月末
69 意思	70 分明	71 方法	72 必要
73 敎育	74 關心	75 舩	76 伝
77 礼	78 끼치어 내려옴	79 보아서 속내를 알아차림	
80 귀하게 되어 몸이 세상에 드러나고 빛남			
81 節	82 祖	83 省	84 因
85 溫	86 集	87 耳	88 聿
89 女	90 木, 魚	91 有, 患	92 耳, 鼻
93 變, 改	94 來	95 時空	96 植樹
97 敬老	98 내릴	99 항복할	100 알리다

한자능력검정시험

기출문제
(95~102회)

- 기출문제(95~102회)
- 정답(135p~136p)

→ 본 기출문제는 수험생들의 기억에 의하여 재생된 문제입니다.

제95회
2021. 11. 20 시행
(社) 한국어문회 주관·한국한자능력검정회 시행
한자능력검정시험 4급 기출문제
문 항 수 : 100문항
합격문항 : 70문항
제한시간 : 50분

01 다음 밑줄 친 漢字語의 讀音을 쓰시오. (1~32)

○ '[1]降水 확률'이란 어느 [2]地域에 일정한 시간 안에 눈이나 비가 1mm [3]以上 내릴 것을 확률로 나타낸 것을 말한다. 〈수학 6〉

○ '정체불명의 기념일'을 읽고 글쓴이가 [4]主張과 [5]根據를 펴는 [6]狀況을 생각하며 [7]論說文을 읽어야 하는 까닭을 [8]整理하여 봅시다. 〈국어 6〉

○ 건축가는 집을 짓기 전에 먼저 [9]模形을 만들어 보았다.

○ 고려청자는 빛깔이며 무늬가 매우 [10]流麗하다.

○ 국민에게는 [11]納稅의 의무가 있다.

○ 국회의원들은 제시된 법안에 대해 [12]拒否 의사를 밝혔다.

○ 금강산은 여러 개의 [13]名稱을 가지고 있다.

○ 누군가 하겠지라는 [14]無關心한 [15]態度와 나와 상관없는 일이야라는 이기적인 [16]姿勢는 우리 사회를 병들게 합니다. 〈도덕 5〉

○ 다시 찾은 그리운 내 [17]故鄕이란 주제로 개최된 이번 행사는 벼 베기와 [18]脫穀하기, 고구마 캐기, 메뚜기 잡기 등 [19]多樣한 [20]體驗 행사가 이루어졌다. 〈사회 4〉

○ 복숭아는 [21]甘味롭고 향이 좋은 과일이다.

○ 부둣가에는 출항을 앞둔 화물이 [22]野積되어 있었다.

○ 소설은 대개 있음직한 이야기를 [23]假想으로 그려낸다.

○ 아버지는 대문 옆에 '신문 [24]謝絶'이라고 써 붙였다.

○ 어린이는 대부분의 공공요금이 [25]半額이다.

○ 여러 건물이 잘 [26]配列된 도시는 아름답게 보였다.

○ 요즘 TV는 [27]錄畫 기능이 있어 참 편리하다.

○ [28]龍飛는 임금의 즉위를 성스럽게 이르는 말이다.

○ 우는 아이를 달래는 데에는 곶감이 [29]妙藥이다.

○ 이 지도는 1/10000로 [30]縮小된 것이다.

○ 청중들은 연주자에게 [31]歡辭를 아끼지 않았다.

○ 취미 활동을 잠시 중단하고 시험공부에만 [32]專念했다.

1 [	]	2 [	]
3 [	]	4 [	]
5 [	]	6 [	]
7 [	]	8 [	]
9 [	]	10 [	]
11 [	]	12 [	]
13 [	]	14 [	]
15 [	]	16 [	]
17 [	]	18 [	]
19 [	]	20 [	]
21 [	]	22 [	]
23 [	]	24 [	]
25 [	]	26 [	]
27 [	]	28 [	]
29 [	]	30 [	]
31 [	]	32 [	]

02 다음 漢字의 訓과 音을 쓰시오. (33~54)

33 碑 [	]	34 優 [	]
35 暇 [	]	36 慶 [	]
37 折 [	]	38 象 [	]

39 趣 [　　　　] 　40 嚴 [　　　　]

41 巨 [　　　　] 　42 掃 [　　　　]

43 鍾 [　　　　] 　44 羅 [　　　　]

45 劇 [　　　　] 　46 差 [　　　　]

47 腸 [　　　　] 　48 範 [　　　　]

49 柳 [　　　　] 　50 繼 [　　　　]

51 依 [　　　　] 　52 段 [　　　　]

53 墓 [　　　　] 　54 施 [　　　　]

03 다음 漢字의 部首를 쓰시오. (55~57)

55 更 [　　　　]

56 車 [　　　　]

57 島 [　　　　]

04 다음 漢字의 略字를 쓰시오. (58~60)

58 禮 [　　　　]

59 醫 [　　　　]

60 卒 [　　　　]

05 다음 漢字語 중 첫소리가 長音인 것을 가려 그 번호를 쓰시오. (61~63)

61 ① 古典　② 苦戰　[　　　　]

62 ① 童話　② 銅貨　[　　　　]

63 ① 時刻　② 視覺　[　　　　]

06 다음 漢字와 뜻이 반대(또는 상대)되는 漢字를 (　　) 속에 적어 문장을 완성하시오. (64~66)

64 현관 출입문에 자동 (　　)閉 장치를 설치하였다.

65 상품의 유통은 (　　)買를 통하여 이루어진다.

66 무슨 일이든 利(　　)를 따지기 전에 먼저 옳고 그름부터 따져라.

07 다음 漢字와 뜻이 같거나 비슷한 漢字를 (　　) 속에 적어 문장을 완성하시오. (67~69)

67 계획을 세울 때에는 실현이 가능할지를 (　　)慮하여야 한다.

68 혼자라고 생각할 때 사람들은 孤(　　)해진다.

69 그는 (　　)端 사원에서 42년 만에 회장 자리에 올랐다.

08 다음 제시된 漢字語와 뜻에 맞는 同音語를 漢字로 쓰시오. (70~72)

70 家屬 － (　　　　) : 점점 속도를 더함.

71 手簡 － (　　　　) : 나무와 나무의 사이.

72 驚氣 － (　　　　) : 일정한 규칙 아래 기량과 기술을 겨룸.

09 다음 漢字語의 뜻을 〈보기〉에서 찾아 그 번호를 쓰시오. (73~75)

보기	① 책임이나 의무를 면제하여 줌. ② 어려움과 쉬움. ③ 어려운 역할이나 일. ④ 칼처럼 뾰족한 바위로만 이루어진 산. ⑤ 계산의 결과가 맞는지를 다시 조사하는 일. ⑥ 학문에 힘씀.

73 檢算 [　　　　]

74 難易 [　　　　]

75 勉學 [　　　　]

10 다음 (　　) 안에 해당하는 漢字를 적어 성어를 완성하시오. (79~80)

76 居安(사)危 : 편안할 때에 어려움이 닥칠 것을 미리 대비함. [　　　　]

77 鷄卵(유)骨 : 달걀에도 뼈가 있음. 운수가 나쁨. [　　　　]

78 目不(식)丁 : '丁' 자를 눈으로 보고도 그것이 '고무래'인 줄을 알지 못함. [   ]

79 事(필)歸正 : 모든 일은 반드시 바른길로 돌아감. [   ]

80 先(공)後私 : 공적인 일을 먼저 하고 사사로운 일은 뒤로 미룸. [   ]

⑪ **다음 각 문장의 밑줄 친 漢字語를 漢字로 쓰시오. (81~100)**

81 올해는 더 추워서인지 <u>낙엽</u>이 작년보다 빨랐다. [   ]

82 과도한 스트레스는 피부를 쉽게 <u>노화</u>시킨다. [   ]

83 교실의 <u>창문</u>을 활짝 열고 환기를 시켰다. [   ]

84 그녀의 <u>가창</u>력과 무대 매너에 관중들이 환호했다. [   ]

85 그는 한옥 지붕의 우아한 <u>곡선</u>에 매료되었다. [   ]

86 농부들이 <u>농악</u>을 울리며 흥겹게 춤을 추었다. [   ]

87 도서관은 책을 쉽게 찾을 수 있도록 <u>분류</u>를 잘 해 놓았다. [   ]

88 시설을 기계화해 상품의 <u>대량</u> 생산이 가능해졌다. [   ]

89 영희는 항상 <u>명랑</u>하고 솔직하다. [   ]

90 올해 할아버지 <u>연세</u>는 아흔이시다. [   ]

91 요즘 우리 동네에 큰 <u>건물</u>들이 많이 들어섰다. [   ]

92 우리 반은 <u>당번</u>을 정해 교실 청소를 한다. [   ]

93 우리는 관광 가이드의 <u>안내</u>에 따라서 이동했다. [   ]

94 이 센서는 미세한 열의 변화를 모두 <u>감지</u>한다. [   ]

95 이 집은 높은 곳에 있어 <u>전망</u>이 아주 좋다. [   ]

96 이번 일의 성패에 우리 부서의 <u>사활</u>이 걸려 있다. [   ]

97 지구 온난화로 전 세계가 에너지 <u>산업</u>에 관심을 쏟고 있다. [   ]

98 지역 개발에 대한 문제로 주민 대표와 시장이 <u>면담</u>을 했다. [   ]

99 지역 국회의원의 숫자는 인구의 수에 <u>비례</u>해서 할당된다. [   ]

100 할아버지는 옛 <u>영웅</u>의 이야기를 많이 해 주셨다. [   ]

제96회
2022. 02. 26 시행
(社) 한국어문회 주관·한국한자능력검정회 시행
한자능력검정시험 4급 기출문제
문 항 수 : 100문항
합격문항 : 70문항
제한시간 : 50분

01 다음 밑줄 친 漢字語의 讀音을 쓰시오. (1~32)

○ [1]都邑을 개경으로 다시 옮기고 [2]和親을 맺으면 전쟁을 끝내겠다는 몽골의 [3]强要에 따라 [4]高麗 왕실은 개경으로 돌아왔지만 [5]江華島에서 삼별초를 이끌던 배중손 등은 [6]解散을 거부하고 몽골에 맞서 싸우기로 결정하였다. 〈사회 5〉

○ 도자기 [7]製作에서 성형이란, [8]形態를 만드는 것을 말해요. 〈미술 3,4〉

○ 도현이는 다양한 [9]宗敎와 문화가 어우러져 있는 [10]印度와 열정의 나라 스페인에 가고 싶다고 하였습니다. 〈도덕 6〉

○ 평화의 문화는 [11]持續 가능한 발전과 [12]環境 의 [13]保護 그리고 인간의 자아 [14]實現을 가능 하게 할 것이다. 〈생활의 길잡이 6〉

○ 정부의 [15]秋穀 수매가 동결 정책에 대한 농민 [16]團體들의 규탄과 [17]抗議가 점점 거세어지고 있다.

○ 19일 발표된 각종 여론 [18]調査에서 두 후보는 [19]誤差 [20]範圍 내에서 앞서거나 뒤서거니 초 경합을 벌였다.

○ 우리는 특히 이번의 연쇄 사건에 임하는 [21]警察 의 [22]姿勢에 경악과 [23]憤怒를 금할 수 없다.

○ 주최 측은 당일 매표소 [24]周邊은 무척 [25]混雜 할 테니 입장권을 미리 [26]豫買해 달라고 부 탁했다.

○ 주문한 상품이 [27]配達되었는데, 자세히 보니 상품에 [28]破損이 있어 반송했다.

○ 그는 친구들을 태우고 [29]亂暴 [30]運轉을 하 다가 큰 사고를 냈다.

○ 그 회사는 근무 [31]經歷이 많고 실적이 좋은 사원에게 [32]優待를 해 주었다.

1 [ ]	2 [ ]
3 [ ]	4 [ ]
5 [ ]	6 [ ]
7 [ ]	8 [ ]
9 [ ]	10 [ ]
11 [ ]	12 [ ]
13 [ ]	14 [ ]
15 [ ]	16 [ ]
17 [ ]	18 [ ]
19 [ ]	20 [ ]
21 [ ]	22 [ ]
23 [ ]	24 [ ]
25 [ ]	26 [ ]
27 [ ]	28 [ ]
29 [ ]	30 [ ]
31 [ ]	32 [ ]

02 다음 漢字의 訓과 音을 쓰시오. (33~54)

33 映 [ ]	34 刻 [ ]
35 探 [ ]	36 婚 [ ]
37 底 [ ]	38 松 [ ]
39 普 [ ]	40 儒 [ ]
41 鷄 [ ]	42 讚 [ ]
43 粉 [ ]	44 就 [ ]
45 盜 [ ]	46 崇 [ ]
47 援 [ ]	48 招 [ ]
49 厚 [ ]	50 額 [ ]
51 勉 [ ]	52 儉 [ ]
53 舌 [ ]	54 脫 [ ]

03 다음 漢字의 部首를 쓰시오. (55~57)

55 赤 [   ]

56 兒 [   ]

57 兄 [   ]

04 다음 漢字의 略字를 쓰시오. (58~60)

58 傳 [   ]

59 鐵 [   ]

60 廣 [   ]

05 다음 漢字語 중 첫소리가 長音인 것을 가려 그 번호를 쓰시오. (61~63)

61 ① 動機   ② 銅器   [   ]

62 ① 球速   ② 舊俗   [   ]

63 ① 笑話   ② 消火   [   ]

06 다음 漢字와 뜻이 반대(또는 상대)되는 漢字를 (   ) 속에 적어 문장을 완성하시오. (64~66)

64 부동표의 흐름은 선거의 當(   )을 좌우한다.

65 장기간의 흡연과 폐암 사이의 역학적 因(   ) 관계가 인정된다.

66 그가 성실하다는 것은 自(   )가 공인하는 사실이다.

07 다음에서 소리는 같으나 뜻이 다른 漢字를 골라 번호를 쓰세요. (67~69)

67 이 영화는 미성년자의 (   )覽이 금지되어 있다.

68 선생님께서는 반 임원회에 체육 행사 계획을 委(   ) 하셨다.

69 가정에 건강과 행복이 (   )滿하시기를 빕니다.

08 다음 제시된 漢字語와 뜻에 맞는 同音語를 漢字로 쓰시오. (70~72)

70 整地 - (   ) : 움직이고 있던 것이 멎거나 그침.

71 事故 - (   ) : 생각하고 궁리함.

72 郵政 - (   ) : 친구 사이의 정.

09 다음 漢字語의 뜻을 〈보기〉에서 찾아 그 번호를 쓰시오. (73~75)

보기	① 적이나 적국의 배. ② 인정하지 아니함. ③ 남의 아내를 높여 이르는 말. ④ 매우 독한 술. ⑤ 혼자 뜀. ⑥ 착한 일을 많이 함.

73 獨走 [   ]

74 否認 [   ]

75 積善 [   ]

10 다음 (   ) 안에 해당하는 漢字를 적어 성어를 완성하시오. (76~80)

76 (무)爲徒食 : 하는 일없이 놀고먹음. [   ]

77 (경)天勤民 : 하늘을 공경하고 백성을 위하여 부지런히 일함. [   ]

78 (악)戰苦鬪 : 몹시 어렵게 싸움. [   ]

79 多聞博(식) : 보고 들은 것이 많고 아는 것이 많음. [   ]

80 忠言逆(이) : 충직한 말은 귀에 거슬림. [   ]

⑪ 다음 각 문장의 밑줄 친 漢字語를 漢字로 쓰시오. (81~100)

81 기술력이 높은 기업이 <u>경쟁</u>에서 이긴다.

[   ]

82 오늘 새벽 4시를 기해 폭풍 주의보가 <u>발효</u>되었다.

[   ]

83 모든 차들이 <u>통과</u>하고 나서 문이 닫혔다.

[   ]

84 이번 경기의 승자가 <u>결승</u>에 진출한다.

[   ]

85 그는 <u>각종</u> 국제 대회에서 수상한 경력이 있다.

[   ]

86 우리 사회는 밝은 내일을 <u>기약</u>할 수 있다.

[   ]

87 <u>예시</u>된 문장을 읽고 물음에 답하시오.

[   ]

88 노래가 끝나자 여기저기서 <u>재창</u>을 청하는 소리가 터졌다. [   ]

89 모든 일이 <u>순서</u>대로 착착 진행되었다.

[   ]

90 나는 은퇴 후에 이웃에 <u>봉사</u>하며 살고 싶다.

[   ]

91 브라질 팀은 우리나라 팀에게 3 대 0으로 <u>완패</u>했다.

[   ]

92 저 <u>환자</u>는 절대적인 안정이 필요합니다.

[   ]

93 이 층으로 된 <u>양옥</u>으로 이사를 갔다. [   ]

94 웃어른 앞에서는 모든 것이 <u>조심</u>스럽다.

[   ]

95 이 항공기는 중국 <u>영공</u>으로 지나갑니다.

[   ]

96 설날에는 세배를 드리고 <u>덕담</u>을 나눕니다.

[   ]

97 우리의 <u>최종</u> 목표는 올림픽 금메달이다.

[   ]

98 <u>교칙</u>을 위반하면 학생들은 징계를 받는다.

[   ]

99 대량 생산을 하면 <u>원가</u>가 절감된다. [   ]

100 도시의 거리는 <u>상점</u>과 사람들로 가득 차 있었다.

[   ]

제97회
2022. 05. 28 시행
(社) 한국어문회 주관·한국한자능력검정회 시행
한자능력검정시험 4급 기출문제
문 항 수 : 100문항
합격문항 : 70문항
제한시간 : 50분

01 다음 밑줄 친 漢字語의 讀音을 쓰시오. (1~32)

○ 건물의 실제 도면을 십분의 일로 ^[1]縮圖했다.

○ 경찰은 평범한 시민을 범죄자로 ^[2]誤認했다.

○ 그 건물은 최첨단 ^[3]施設을 갖추고 있다.

○ 그의 말솜씨에 ^[4]說伏 당하지 않을 사람이 없다.

○ 많은 장병들이 이 고지를 ^[5]死守하기 위해 목숨을 바쳤다.

○ 박 후보는 선거에서 ^[6]次點으로 낙선하였다.

○ 비평가는 작가의 작품을 통하여 그의 세계관을 ^[7]推論한다.

○ ^[8]冷嚴하기만 한 사람은 벗이 따르지 않는다.

○ 생태 지도는 ^[9]多樣한 ^[10]環境에 서식하는 생물의 특징이나 생활 방식과 같은 여러 가지 ^[11]情報를 제공해 주는 ^[12]重要한 ^[13]資料입니다.

〈과학 5〉

○ ^[14]誠實하고 ^[15]勤勉한 ^[16]姿勢, 그리고 ^[17]責任感 있고 ^[18]積極的인 생활 ^[19]態度는 현대인의 필수적인 ^[20]德目이라 할 것이다.

○ 철수는 수비수이지만 가끔씩 공격에 ^[21]加擔하기도 하였다.

○ 어디에 ^[22]視線을 두어야 할지 모르겠다.

○ 이 여객기는 방콕을 ^[23]經由地로 이용하고 있다.

○ 이 토성은 지금으로부터 이천 년 전에 ^[24]築造된 것이다.

○ 현대에 와서 ^[25]放送, ^[26]政治, 교육 등 여러 분야에서 쏟아져 나오는 외국어와 비속어의 ^[27]亂舞에 어지러움을 금할 수 없다. 원래 우리 국어는 수천 종의 인류 언어 중에서 ^[28]位相語, 곧 ^[29]尊待와 하대의 표현이 가장 발달한 언어이다. 그 ^[30]貴族어, 고급어, 문화어인 한국어가 온갖 바이러스의 ^[31]侵攻으로 ^[32]低俗化하고 있는 것이다.

1 [   ] 2 [   ]
3 [   ] 4 [   ]
5 [   ] 6 [   ]
7 [   ] 8 [   ]
9 [   ] 10 [   ]
11 [   ] 12 [   ]
13 [   ] 14 [   ]
15 [   ] 16 [   ]
17 [   ] 18 [   ]
19 [   ] 20 [   ]
21 [   ] 22 [   ]
23 [   ] 24 [   ]
25 [   ] 26 [   ]
27 [   ] 28 [   ]
29 [   ] 30 [   ]
31 [   ] 32 [   ]

02 다음 漢字의 訓과 音을 쓰시오. (33~54)

33 紀 [   ] 34 範 [   ]
35 易 [   ] 36 窮 [   ]
37 敢 [   ] 38 祕 [   ]
39 痛 [   ] 40 輪 [   ]
41 拍 [   ] 42 就 [   ]
43 階 [   ] 44 碑 [   ]
45 盜 [   ] 46 管 [   ]
47 段 [   ] 48 抗 [   ]
49 損 [   ] 50 舌 [   ]
51 額 [   ] 52 覺 [   ]
53 烈 [   ] 54 泉 [   ]

03 다음 漢字의 部首를 쓰시오. (55~57)

55 犬 [   ]

56 童 [   ]

57 射 [   ]

04 다음 漢字의 略字를 쓰시오. (58~60)

58 卒 [   ]

59 變 [   ]

60 萬 [   ]

05 다음 漢字語 중 첫소리가 長音인 것을 가려 그 번호를 쓰시오. (61~63)

61 ① 街上   ② 假想   [   ]

62 ① 動機   ② 同期   [   ]

63 ① 事前   ② 辭典   [   ]

06 다음 漢字와 뜻이 반대(또는 상대)되는 漢字를 (   ) 속에 적어 문장을 완성하시오. (64~66)

64 오늘 선거의 當(   )이 판가름 난다.

65 지도자가 존경받으려면 (   )罰이 공정해야 한다.

66 동양에서는 陰(   )의 조화를 중요하게 생각한다.

07 다음 漢字와 뜻이 같거나 비슷한 漢字를 (   ) 속에 적어 문장을 완성하시오. (67~69)

67 그가 작곡하는 노래는 대부분 대중이 즐겨 부르는 (   )謠이다.

68 등록금을 분할하여 納(   )하였다.

69 영희는 明(   )한 성격의 소유자이다.

08 다음 제시된 漢字語와 뜻에 맞는 同音語를 漢字로 쓰시오. (70~72)

70 宣傳 – (   ) : 잘 싸움.

71 優良 – (   ) : 비가 내린 정도.

72 夜深 – (   ) : 무언가를 이루고자 마음속에 품은 생각.

09 다음 漢字語의 뜻을 〈보기〉에서 찾아 그 번호를 쓰시오. (73~75)

보기	① 손끝으로 누르거나 두드림.
	② 물건이나 권리를 건네받음.
	③ 권력을 마음대로 휘두름.
	④ 일을 처리할 수 있는 일체의 권한
	⑤ 물건이나 권리를 건네줌.
	⑥ 손가락으로 콕 찍어 가리킴.

73 引受 [   ]

74 專權 [   ]

75 指壓 [   ]

10 다음 (   ) 안에 해당하는 漢字를 적어 성어를 완성하시오. (76~80)

76 無(소)不爲 : 하지 못하는 바가 없음. [   ]

77 燈火可(친) : 서늘한 가을밤은 등불을 가까이 하여 글 읽기에 좋음. [   ]

78 山(해)珍味 : 산에서 나는 진귀한 것과 바다에서 나는 맛있는 것. [   ]

79 藥房甘(초) : 어떤 일에서든지 두루 통하는 사람 등을 이름. [   ]

80 離合(집)散 : 헤어지고, 합치고, 모이고, 흩어짐. [   ]

**⑪ 다음 각 문장의 밑줄 친 漢字語를 漢字로 쓰시오.
(81~100)**

81 3개의 선분으로 둘러싸인 도형을 <u>삼각형</u>이라고 합니다. [   ]

82 고려는 개국 후에 <u>도읍</u>을 옮겼다. [   ]

83 공정한 <u>경쟁</u>이 승리보다 더 중요하다.
[   ]

84 그는 <u>초선</u> 국회의원이다. [   ]

85 나무는 <u>재질</u>이 단단해야 가구를 만드는 데 소용된다.
[   ]

86 노사 문제의 <u>타개</u>를 위해서는 무엇보다 대화가 필요하다 [   ]

87 마찰전기는 <u>종류</u>가 다른 2개의 물체를 서로 문질렀을 때 생기는 전기이다. [   ]

88 사랑한다는 것은 <u>타인</u>을 이해한다는 것이다.
[   ]

89 사회 속에서 우리는 항상 서로 <u>조화</u>하며 살아야 한다. [   ]

90 새로운 소재를 개발해 <u>특허</u>를 따 냈다.
[   ]

91 시장은 축구 시합을 <u>참관</u>하다. [   ]

92 어제 내린 눈으로 도로에 <u>결빙</u> 구간이 많다.
[   ]

93 원유 <u>가격</u>은 경제에 상당한 영향을 미친다.
[   ]

94 이 연구는 낙동강 <u>중류</u>의 식물 생태계를 조사한 것이다. [   ]

95 이곳에서 조업하는 모든 <u>어선</u>은 본국의 허가를 얻어야 한다. [   ]

96 작년에 우리 학교는 <u>결승</u>에서 아깝게 패했다.
[   ]

97 전쟁은 무고한 사람들을 죽음으로 내모는 <u>죄악</u>이다.
[   ]

98 조부께서는 해방 <u>3주년</u>이 되던 해에 태어나셨다.
[   ]

99 지진이 지나간 땅에도 <u>재건</u>의 희망은 살아 있다.
[   ]

100 통일은 누구나 <u>염원</u>하는 일이다. [   ]

제98회
2022. 08. 27 시행
(社) 한국어문회 주관·한국한자능력검정회 시행
한자능력검정시험 **4급** 기출문제

문 항 수 : 100문항
합격문항 : 70문항
제한시간 : 50분

01 다음 밑줄 친 漢字語의 讀音을 쓰시오. (1~32)

○ 지구 ^[1]<u>溫暖化</u> 문제를 ^[2]<u>解決</u>하려면 어떤 ^[3]<u>努力</u>을 해야 할까? 〈국어 5〉

○ 밤사이 내린 눈 때문에 도로가 얼어 ^[4]<u>出勤</u> 길 불편이 ^[5]<u>豫想</u>됩니다. 〈사회 5〉

○ 친구에게 ^[6]<u>稱讚</u>하거나 ^[7]<u>助言</u>하는 말을 해 봅시다. 〈국어 5〉

○ ^[8]<u>目標</u>를 향해 나아가지 못하게 ^[9]<u>妨害</u>하는 습관을 버려야 한다. 〈도덕 5〉

○ 우리나라는 산이나 호수 등의 자연 ^[10]<u>環境</u>을 ^[11]<u>基準</u>으로 지역을 구분했다. 〈사회 5〉

○ 정부 수립을 둘러싼 ^[12]<u>混亂</u> 속에서 국제 연합은 남북한 ^[13]<u>總選擧</u>로 통일 정부를 수립하기로 결정했다. 〈사회 6〉

○ ^[14]<u>非武裝</u> 지대 ^[15]<u>周邊</u>은 오랫동안 사람들의 발길이 닿지 않으면서 생태계가 잘 ^[16]<u>保存</u> 되어 있다. 〈사회 5〉

○ 현대는 ^[17]<u>激變</u>하는 시대이므로 ^[18]<u>持續的</u>으로 배워야 한다.

○ 긍정적인 ^[19]<u>態度</u>는 긍정적인 결과를 만든다.

○ 사치와 ^[20]<u>虛榮</u>은 사회적으로 비난을 받는다.

○ ^[21]<u>心血</u>을 기울여 일을 ^[22]<u>處理</u>하며, 남을 진실하게 대하라.

○ 갯벌에서 해산물을 ^[23]<u>採取</u>한다.

○ ^[24]<u>納稅</u>는 국민이 지켜야 할 의무이다.

○ 장애인을 위한 ^[25]<u>施設</u>이 부족하다.

○ 흑색 ^[26]<u>宣傳</u>은 민주주의의 적이다.

○ 원시인들은 자연을 ^[27]<u>崇拜</u>했다.

○ 하늘에는 새들이 ^[28]<u>閑暇</u>롭게 날고 있다.

○ 이번 폭우로 많은 건물과 도로가 ^[29]<u>破損</u>되었다.

○ ^[30]<u>系統學</u>은 여러 생물의 진화를 연구한다.

○ 교통 법규를 어기면 ^[31]<u>罰點</u>을 받는다.

○ 바다는 자원의 ^[32]<u>寶庫</u>이다.

1 [　　　]	2 [　　　]
3 [　　　]	4 [　　　]
5 [　　　]	6 [　　　]
7 [　　　]	8 [　　　]
9 [　　　]	10 [　　　]
11 [　　　]	12 [　　　]
13 [　　　]	14 [　　　]
15 [　　　]	16 [　　　]
17 [　　　]	18 [　　　]
19 [　　　]	20 [　　　]
21 [　　　]	22 [　　　]
23 [　　　]	24 [　　　]
25 [　　　]	26 [　　　]
27 [　　　]	28 [　　　]
29 [　　　]	30 [　　　]
31 [　　　]	32 [　　　]

02 다음 漢字의 訓과 音을 쓰시오. (33~54)

33 刻 [　　　]	34 低 [　　　]
35 堅 [　　　]	36 骨 [　　　]
37 鑛 [　　　]	38 券 [　　　]
39 妙 [　　　]	40 祕 [　　　]
41 烈 [　　　]	42 拍 [　　　]
43 伏 [　　　]	44 絲 [　　　]

45 威 [   ]   46 折 [   ]

47 泉 [   ]   48 險 [   ]

49 避 [   ]   50 與 [   ]

51 舞 [   ]   52 層 [   ]

53 適 [   ]   54 異 [   ]

03 다음 單語 중 첫소리가 長音인 것을 가려 그 번호를 쓰시오. (55~57)

55 ① 山行   ② 算法   [   ]

56 ① 勇氣   ② 龍旗   [   ]

57 ① 陣地   ② 盡心   [   ]

04 다음 밑줄 친 漢字와 뜻이 반대(또는 대립)되는 漢字를 (   ) 속에 적어 문장을 完成하시오. (58~60)

58 (   )否 동수인 경우 의장이 결정한다.

59 공직자는 (   )私를 분명히 해야 한다.

60 경기는 始(   ) 일관 우리 팀이 우세했다.

05 다음 (   ) 안의 글자를 漢字로 적어 四字成語를 完成하시오. (61~65)

61 會者(정)離 : 만난 자는 반드시 헤어짐.
[   ]

62 至誠(감)天 : 지극한 정성에 하늘이 감동함.
[   ]

63 (종)豆得豆 : 콩을 심으면 콩이 나옴. 원인에 따라 결과가 생김.
[   ]

64 牛(이)讀經 : 아무리 일러 주어도 알아듣지 못함.

65 (일)就月將 : 나날이 다달이 자라거나 발전함.
[   ]

06 다음 漢字의 部首를 쓰시오. (66~68)

66 戒 [   ]

67 乳 [   ]

68 華 [   ]

07 다음 밑줄 친 漢字와 뜻이 같거나 비슷한 漢字를 (   ) 속에 적어 문장을 完成하시오. (69~71)

69 그는 오랫동안 의심을 받았지만 潔(   )함이 증명되었다.

70 타인에 둘러싸여 있으면서 외로움을 느끼는 것을 군중 속의 孤(   )이라고 한다.

71 이 제품은 유효기간이 經(   )되었다.

08 다음 漢字語의 同音異義語를 漢字(正字)로 쓰되, 제시된 뜻에 맞추시오. (72~74)

72 家屬 – (   ) : 점점 속도를 더함.

73 禁酒 – (   ) : 이번 주.

74 共鳴 – (   ) : 공을 세워 이름을 드러냄.

09 다음 漢字語의 바른 뜻을 〈보기〉에서 찾아 그 번호를 쓰시오. (75~77)

보기	① 토지 대장.
	② 행동을 일으키게 하는 계기.
	③ 구리로 만든 그릇.
	④ 적당하게 일을 잘 처리함.
	⑤ 잘 차려입음.
	⑥ 남아 있음.

75 殘餘 [   ]

76 銅器 [   ]

77 田籍 [   ]

⑩ 다음 漢字의 略字를 쓰시오. (78~80)

78 鐵 [   ]

79 廣 [   ]

80 當 [   ]

⑪ 다음 각 문장의 밑줄 친 單語를 漢字(正字)로 쓰시오. (81~100)

○ 보는 사람이 없어도 [81]<u>규칙</u>을 잘 지킵시다.

○ 우리 국토는 유라시아 [82]<u>대륙</u>의 동쪽 끝에 위치하고 있다.

○ 가계는 기업의 생산 [83]<u>활동</u>에 참여하고 기업에서 만든 [84]<u>물건</u>을 구입한다. 〈사회 6〉

○ [85]<u>소설</u> [86]<u>작품</u> 속 세계와 [87]<u>현실</u> 세계는 다르다.

○ 팔만대장경은 고려의 [88]<u>기술</u> 수준을 잘 보여준다. 〈사회 5〉

○ 남에게 [89]<u>강요</u>하는 것은 [90]<u>상대방</u>을 존중하지 않는 것이다.

○ 진정한 [91]<u>봉사</u>는 보상이나 [92]<u>대가</u>를 바라지 않고 베푸는 것이다. 〈도덕 6〉

○ 세종은 백성이 나라의 [93]<u>근본</u>이라고 생각했다. 〈사회 5〉

○ [94]<u>전쟁</u>이 끝나고 조선과 청은 [95]<u>신하</u>와 임금의 관계를 맺었다. 〈사회 5〉

○ 조선 [96]<u>후기</u>에는 [97]<u>농업</u> 생산력이 높아지고 [98]<u>상공업</u>이 발달하면서 여러 가지 변화가 나타났다. 〈사회 6〉

○ 산과 [99]<u>호수</u>가 어우러져 경치가 아름답다.

○ [100]<u>결과</u>도 중요하지만 과정도 중시해야 한다. 〈국어 5〉

81 [ ]	82 [ ]
83 [ ]	84 [ ]
85 [ ]	86 [ ]
87 [ ]	88 [ ]
89 [ ]	90 [ ]
91 [ ]	92 [ ]
93 [ ]	94 [ ]
95 [ ]	96 [ ]
97 [ ]	98 [ ]
99 [ ]	100 [ ]

제99회
2022. 11. 26 시행
(社) 한국어문회 주관·한국한자능력검정회 시행
한자능력검정시험 4급 기출문제
문 항 수 : 100문항
합격문항 : 70문항
제한시간 : 50분

01 다음 밑줄 친 漢字語의 讀音을 쓰시오. (1~32)

1 독도와 관련하여 우리 정부는 일본에 강력하게 <u>抗議</u>하였다. [   ]

2 이맘때면 해녀들이 본격적으로 햇미역을 <u>探取</u>한다. [   ]

3 귀중한 유물은 진동이 없는 특수 차량으로 <u>護送</u>한다. [   ]

4 그는 어떤 <u>難關</u>에 부딪쳐도 이겨낼 자신이 있었다. [   ]

5 이 설화는 <u>恩惠</u>를 갚는 동물의 이야기이다. [   ]

6 기온이 급작스럽게 <u>降下</u>하면서 감기 환자가 늘었다. [   ]

7 연어는 알을 낳기 위해 자신이 태어난 모천으로 <u>回遊</u>한다. [   ]

8 처마에서 떨어지는 낙숫물 소리가 묘한 <u>感興</u>을 불러왔다. [   ]

9 자식에 대한 지나친 <u>配慮</u>는 교육을 망칠 수가 있다. [   ]

10 선생의 글에는 세상을 넓게 보는 안목과 <u>年輪</u>이 배어 있다. [   ]

11 그는 자기가 이 분야에서 제일이라고 <u>自負</u>했다. [   ]

12 자신의 적성에 맞는 <u>職業</u>을 선택하는 것이 좋다. [   ]

13 그는 남을 너그럽게 <u>包容</u>할 줄 아는 사람이다. [   ]

14 철새의 <u>探鳥</u> 활동은 주로 추운 겨울에 이루어진다. [   ]

15 이 지역에서 중생대 <u>魚龍</u>의 화석이 발견되었다. [   ]

16 겉모습만 보고 사람을 <u>判斷</u>해서는 안 된다. [   ]

17 이마에 난 뾰루지 때문에 무척 <u>神經</u>이 쓰인다. [   ]

18 팀 승리에 결정적인 <u>寄與</u>를 한 선수가 최우수 선수로 뽑혔다. [   ]

19 등산 배낭에 <u>餘分</u>의 옷을 한 벌 더 챙겼다. [   ]

20 두 나라는 무기 <u>減縮</u>에 대한 협정을 체결했다. [   ]

21 갑작스러운 폭우로 강남 일대가 <u>亂離</u>를 치렀다. [   ]

22 이 과제물은 다음 주 월요일까지 <u>提出</u>해야 한다. [   ]

23 이장에 대한 사람들의 <u>稱頌</u>이 자자했다. [   ]

24 선생님은 다산 정약용에 대한 <u>評傳</u>을 쓰셨다. [   ]

25 의사 선생님은 <u>齒痛</u>의 원인이 충치 때문이라고 하셨다. [   ]

26 그는 한 회사에 30년을 <u>勤續</u>하셨다. [   ]

27 몸속의 핏줄은 거미줄처럼 서로 <u>連結</u>되어 있다. [   ]

28 따뜻한 물에 몸을 담그니 출장으로 쌓인 <u>旅毒</u>이 풀리는 듯하다. [   ]

29 나는 <u>困境</u>에 빠진 그 친구를 보고만 있을 수 없었다. [   ]

30 철수의 예상이 <u>絶妙</u>하게 맞아떨어졌다. [   ]

31 좌중의 <u>視線</u>이 일제히 그에게 쏠렸다. [   ]

32 태양계의 행성 중에서 목성의 <u>表面積</u>이 가장 크다. [   ]

02 다음 漢字의 訓과 音을 쓰시오. (33~54)

33 備 [   ]   34 液 [   ]

35 烈 [   ]   36 閑 [   ]

37 壯 [   ]   38 候 [   ]

39 投 [   ]   40 粉 [   ]

41 或 [   ]   42 彈 [   ]

43 筋 [   ]   44 暴 [   ]

45 砲 [   ]   46 委 [   ]

47 層 [   ]   48 占 [   ]

49 帳 [   ]   50 廳 [   ]

51 延 [   ]   52 犯 [   ]

53 堅 [   ]   54 裝 [   ]

03 다음 漢字의 部首를 쓰시오. (55~57)

55 華 [   ]

56 副 [   ]

57 買 [   ]

04 다음 漢字의 略字를 쓰시오. (58~60)

58 輕 [   ]

59 賣 [   ]

60 鐵 [   ]

05 다음 漢字語 중 첫소리가 長음인 것을 가려 그 번호를 쓰시오. (61~63)

61 ① 構造   ② 救助   [   ]

62 ① 動機   ② 銅器   [   ]

63 ① 無用   ② 武勇   [   ]

06 다음 漢字와 뜻이 반대(또는 상대)되는 漢字를 (   ) 속에 적어 문장을 완성하시오. (64~66)

64 판사는 법률에 의하여 (   )刑의 유무와 경중을 판정한다.

65 이 안건을 표결에 부쳐 학우들에게 (   )좀를 묻기로 하였다.

66 일을 공정하게 처리하려면 매사에 (   )私를 철저히 구분하여야 한다.

07 다음 漢字와 뜻이 같거나 비슷한 漢字를 (   ) 속에 적어 문장을 완성하시오. (67~69)

67 살다 보면 우리는 늘 (   )擇과 결정의 갈림길에 서게 된다.

68 그 지역의 기후와 (   )居 양식은 서로 밀접한 관련성이 있다.

69 다른 사람의 공부에 妨(   )되지 않게 문을 소리나지 않게 닫았다.

08 다음 제시된 漢字語와 뜻에 맞는 同音語를 漢字로 쓰시오. (70~72)

70 手簡 – (   ) : 나무와 나무의 사이.

71 守衛 – (   ) : 물의 높이.

72 徒勞 – (   ) : 사람이나 차가 다니는 길.

09 다음 漢字語의 뜻을 〈보기〉에서 찾아 그 번호를 쓰시오. (73~75)

보기	① 갑작스럽게 터짐. ② 알기 쉽게 풀어서 설명하는 말. ③ 원망하는 말. ④ 총포 따위를 잘못 쏨. ⑤ 부탁하는 말. ⑥ 다른 주장이나 의견.

73 怨辭 [   ]

74 異說 [   ]

75 誤發 [   ]

⑩ 다음 ( ) 안에 해당하는 漢字를 적어 성어를 완성하시오. (76~80)

76 (악)戰苦鬪 : 매우 어려운 조건을 무릅쓰고 싸우고 고생스럽게 싸움. [   ]

77 (백)折不屈 : 어떠한 난관에도 결코 굽히지 않음. [   ]

78 言中(유)骨 : 말 속에 뼈가 있음. [   ]

79 (천)篇一律 : 여러 시문의 격조가 모두 비슷하여 개별적 특성이 없음. [   ]

80 事(필)歸正 : 모든 일은 반드시 바른길로 돌아감. [   ]

⑪ 다음 각 문장의 밑줄 친 漢字語를 漢字로 쓰시오. (81~100)

81 비타민이 많은 과일은 감기 예방 효과가 있다. [   ]

82 학문과 예술에 대한 그의 열정은 남달랐다. [   ]

83 산 정상에 도착하려면 아직 한 시간 정도 더 가야 한다. [   ]

84 조선 후기에는 전기에 비해 상공업이 더욱 발달하였다. [   ]

85 오늘 회의에 참석하라는 통보를 받았다. [   ]

86 일선 부대에 작전 명령이 하달되었다. [   ]

87 요즘에는 자연 환경을 보존하려는 의식이 높아지고 있다. [   ]

88 자신을 희생한 그의 행동은 퍽 고귀했다. [   ]

89 운전자들은 각종 도로 교통에 관한 법규를 준수해야 한다. [   ]

90 공공요금의 인상은 서민 경제에 많은 영향을 미친다. [   ]

91 그분에게서는 단정하고 고고한 인품이 느껴진다. [   ]

92 이 계곡은 곳곳에 급류와 폭포가 이어진 지형이다. [   ]

93 이 시장은 각 지방의 다양한 산물들이 모이는 곳이다. [   ]

94 동문 선후배간 친선을 도모하기 위해 운동회를 개최했다. [   ]

95 할아버지께서는 한문으로 된 원문도 척척 읽어 내신다. [   ]

96 영희는 매사 신중하게 사고하고 판단하는 성격이다. [   ]

97 그녀는 국제 콩쿠르에서 세 번이나 입상했다. [   ]

98 장터에는 물건 값을 흥정하고 거래하는 사람들로 북적였다. [   ]

99 최선을 다 했다면 실패를 두려워할 필요가 없다. [   ]

100 할머니는 늘 객지에 나간 작은 삼촌을 걱정하셨다. [   ]

제100회
2023. 02. 25 시행

(社) 한국어문회 주관·한국한자능력검정회 시행

한자능력검정시험 4급 기출문제

문 항 수 : 100문항
합격문항 : 70문항
제한시간 : 50분

01 다음 밑줄 친 漢字語의 讀音을 쓰시오. (1~32)

○ 이기심이 많은 사람은 남을 [1]配慮하지 않는다.

○ 일제로부터 독립한 우리나라는 [2]希望과 [3]歡喜에 차 있었다.

○ 평균 수명이 길어지고 노인 인구가 [4]增加하면서 우리나라는 2000년에 고령화 사회로 [5]進入했다. 〈사회 5〉

○ 자신과 타인의 기본권을 [6]保護하려면 그에 따른 [7]責任과 [8]義務를 지켜야 한다. 〈사회 5〉

○ 현실을 [9]逃避하는 태도는 바람직하지 않다.

○ 졸업하고 좋은 회사에 [10]就職하는 것이 나의 작은 꿈이다.

○ [11]稱讚은 고래도 춤추게 한다.

○ 어려운 [12]環境에서 최선을 다한 우리 선수들을 [13]應援합니다.

○ 성공을 위해서는 올바른 [14]判斷과 [15]選擇 그리고 과감한 실천이 필요하다.

○ 세상이 [16]混亂에 빠지면 [17]盜賊들이 늘어난다.

○ 다른 사람의 [18]恩惠를 입었으면 그에 [19]報答하는 것이 사람의 도리이다.

○ [20]危險한 상태를 넘기고 안전한 상태로 [21]復舊됐다.

○ [22]勤勉과 [23]誠實이 우리 집 가훈이다.

○ [24]與件이 허락되면 어른들을 자주 찾아뵙는 것이 좋다.

○ 배구에는 [25]守備를 [26]專擔하는 선수가 있다.

○ 사람들은 때때로 눈앞의 이익이나 [27]損害에 매달린다.

○ 전통 시장 상인들은 대형 할인점의 입점을 [28]取消해 달라고 요구했다.

○ 독도는 수산 [29]資源이 풍부하다.

○ 준비된 사람만이 [30]機會를 잡을 수 있다.

○ 상대방의 제안을 [31]拒絕할 때에는 상대의 기분이 상하지 않도록 한다.

○ 국민의 대표를 뽑는 선거에 [32]投票하는 것은 권리를 행사하는 일이다.

1 [　　]		2 [　　]	
3 [　　]		4 [　　]	
5 [　　]		6 [　　]	
7 [　　]		8 [　　]	
9 [　　]		10 [　　]	
11 [　　]		12 [　　]	
13 [　　]		14 [　　]	
15 [　　]		16 [　　]	
17 [　　]		18 [　　]	
19 [　　]		20 [　　]	
21 [　　]		22 [　　]	
23 [　　]		24 [　　]	
25 [　　]		26 [　　]	
27 [　　]		28 [　　]	
29 [　　]		30 [　　]	
31 [　　]		32 [　　]	

02 다음 漢字의 訓과 音을 쓰시오. (33~54)

33 看 [　　]		34 降 [　　]	
35 寶 [　　]		36 鉛 [　　]	
37 智 [　　]		38 閑 [　　]	
39 聽 [　　]		40 餘 [　　]	
41 容 [　　]		42 細 [　　]	
43 房 [　　]		44 味 [　　]	
45 烈 [　　]		46 怒 [　　]	

47 隊 [　　　　] 48 豆 [　　　　]

49 孤 [　　　　] 50 迎 [　　　　]

51 肉 [　　　　] 52 賢 [　　　　]

53 評 [　　　　] 54 忠 [　　　　]

06 다음 漢字의 部首를 쓰시오. (66~68)

66 妙 [　　　　]

67 骨 [　　　　]

68 負 [　　　　]

03 다음 單語 중 첫소리가 長音인 것을 가려 그 번호를 쓰시오. (55~57)

55 ① 古史　　② 固辭　　[　　　　]

56 ① 冬期　　② 銅器　　[　　　　]

57 ① 夫人　　② 否認　　[　　　　]

07 다음 밑줄 친 漢字와 뜻이 같거나 비슷한 漢字를 (　　) 속에 적어 문장을 完成하시오. (69~71)

69 현실 (　　)覺이 뛰어난 사람이 사회에 잘 적응한다.

70 비행기는 예정된 시간에 到(　　)했다.

71 나라를 위해 자신을 희생한 애국선열의 崇(　　) 한 정신을 본받아야 한다.

04 다음 밑줄 친 漢字와 뜻이 반대(또는 대립)되는 漢字를 (　　) 속에 적어 문장을 完成하시오. (58~60)

58 승률이 같으면 골 得(　　) 차를 갖고 순위를 결정한다.

59 그림을 그릴 때 (　　)暗이 잘 드러나도록 한다.

60 (　　)夜를 가리지 않고 연구를 거듭해 큰 업적을 남겼다.

08 다음 漢字語의 同音異義語를 漢字(正字)로 쓰되, 제시된 뜻에 맞추시오. (72~74)

72 假死 – (　　) : 살림살이에 관한 일.

73 修己 – (　　) : 체험을 직접 쓴 기록.

74 在庫 – (　　) : 다시 생각함.

05 다음 (　　) 안의 글자를 漢字로 적어 四字成語를 完成하시오. (61~65)

61 好衣好(식) : 잘 입고 잘 먹는 것을 말함.
[　　　　]

62 (안)貧樂道 : 가난한 생활을 하면서도 편안한 마음으로 도를 즐겨 지킴. [　　　　]

63 竹(마)故友 : 어릴 때부터 같이 놀며 자란 벗.
[　　　　]

64 自(강)不息 : 스스로 힘써 몸과 마음을 쉬지 아니함.
[　　　　]

65 奇想天(외) : 생각이 기발하고 엉뚱함.
[　　　　]

09 다음 漢字語의 뜻을 〈보기〉에서 찾아 그 번호를 쓰시오. (75~77)

보기	① 종교 또는 종파의 단체. ② 부상을 입은 자리. ③ 종주권을 가진 사람. ④ 다른 것을 본뜸. ⑤ 처음으로 생각해 냄.

75 傷處　[　　　　]

76 創案　[　　　　]

77 宗團　[　　　　]

⑩ 다음 漢字의 略字를 쓰시오. (78~80)

78 學 [   ]

79 鐵 [   ]

80 圖 [   ]

⑪ 다음 각 문장의 밑줄 친 漢字語를 漢字로 쓰시오. (81~100)

○ 큰 ^[81]역량을 가진 사람은 그를 뽐내지 않는다.

○ 어떤 문제에 ^[82]직면하면 그 문제를 분석하는 것부터 ^[83]시작해야 한다.

○ 나눔과 ^[84]봉사는 우리 삶을 더욱 따뜻하고 아름답게 만들어 줍니다. 〈도덕 6〉

○ 아첨하는 말을 좋아하는 것은 인간의 ^[85]본성이다.

○ 내 안에서 일어나는 감정과 욕구를 잘 ^[86]조절해야 한다.

○ ^[87]최선이 아니라면 차선책이라도 택하는 것이 좋다.

○ 연습을 실전처럼 해야 ^[88]효과가 있다.

○ 백범 김구의 ^[89]소원은 우리나라의 완전한 자주 ^[90]독립이었다. 〈도덕 6〉

○ ^[91]승패에 연연하지 말고 정정당당하게 경기에 임하자.

○ 꿈은 이루어진다는 ^[92]신념을 가진 사람은 가슴 속에 뜨거운 ^[93]열정을 지니고 있다.

○ 합리적인 선택이란 ^[94]품질, 디자인, ^[95]가격 등을 고려해 가장 적은 ^[96]비용으로 큰 만족감을 얻을 수 있도록 선택하는 것을 말한다. 〈사회 6〉

○ 기업은 자유롭게 ^[97]경쟁하며 더 좋은 상품을 ^[98]개발해 많은 이윤을 얻을 수 있고, 소비자는 품질이 좋은 다양한 상품을 살 수 있어서 만족할 수 있다. 〈사회 6〉

○ 노벨은 다이너마이트를 발명해 막대한 ^[99]재산을 모았다.

○ 방송 중 인기 있는 프로그램일수록 ^[100]광고가 많이 나온다.

81 [   ] 82 [   ]

83 [   ] 84 [   ]

85 [   ] 86 [   ]

87 [   ] 88 [   ]

89 [   ] 90 [   ]

91 [   ] 92 [   ]

93 [   ] 94 [   ]

95 [   ] 96 [   ]

97 [   ] 98 [   ]

99 [   ] 100 [   ]

제101회
2023. 06. 03 시행
(社) 한국어문회 주관·한국한자능력검정회 시행
한자능력검정시험 4급 기출문제
문 항 수 : 100문항
합격문항 : 70문항
제한시간 : 50분

01 다음 밑줄 친 漢字語의 讀音을 쓰시오. (1~32)

1 독도가 일본 땅이라고 우기니 憤痛이 터졌다.
[   ]

2 겨울철 등산에는 돌발적인 狀況에 대비해야 한다.
[   ]

3 조선 후기에는 상업이 발달하여 葉錢의 유통이 활발하였다.
[   ]

4 휴대전화가 없으면 불안감을 느끼는 것을 휴대전화 中毒 증후군이라고 한다.
[   ]

5 국민을 무시하는 政權은 오래가지 못한다.
[   ]

6 도서관은 올해 도서 구입 예산을 增額하였다.
[   ]

7 유랑민들은 일정한 居處가 없이 떠돌아다닌다.
[   ]

8 어린이는 모국어의 習得과 함께 민족정신을 배워나간다.
[   ]

9 이 사전은 저명한 학자의 監修를 받았다.
[   ]

10 나는 장차 디자인 系統을 공부해 보고 싶다.
[   ]

11 이 그림에는 다양한 기법이 適用되어 있다.
[   ]

12 사장은 이번 달 판매액의 總合을 계산하였다.
[   ]

13 그녀는 새 드라마에서 눈부신 熱演을 펼쳤다.
[   ]

14 다음 주에는 아버지께서 3일 동안 出張을 가신다.
[   ]

15 강원도 사북은 석탄 鑛山으로 유명했던 곳이다.
[   ]

16 우리나라의 인구 減少가 심각한 문제로 대두된다.
[   ]

17 자객이 요인을 暗殺하려 한다는 정보가 입수되었다.
[   ]

18 스님은 중생들을 부처의 깨달음으로 引導하였다.
[   ]

19 병호는 책에 자신만의 標示를 해두었다.
[   ]

20 고을 사또가 糧穀을 풀어 춘궁기의 빈민들을 구제했다.
[   ]

21 그녀는 판소리 중간 중간에 질펀한 辭說과 재담을 늘어놓았다.
[   ]

22 판사는 피고인 모두에게 실형을 宣告하였다.
[   ]

23 우리 일행은 밤 10시쯤에 호텔에 投宿했다.
[   ]

24 태백산 정상에는 단군을 모시는 祭壇이 있다.
[   ]

25 다른 사람을 險談하는 일은 옳지 않다.
[   ]

26 홍길동은 스승에게서 구름을 타는 祕術을 전수받았다.
[   ]

27 지하철이 고장 나서 출근길 大亂이 일어났다.
[   ]

28 그는 休息 시간을 이용해 잠시 눈을 붙였다.
[   ]

29 나무의 斷面에는 가지런한 나이테가 있었다.
[   ]

30 중요한 파일은 별도로 복사하여 豫備로 보관해 두었다.
[   ]

31 회의가 길어지면서 자리를 <u>離脫</u>하는 사람들이 늘
　　어났다.　　　　　　　　　　　[　　　]

32 우리는 새해 첫날 부모님께 <u>歲拜</u>를 올렸다.
　　　　　　　　　　　　　　　　[　　　]

02 다음 漢字의 訓과 音을 쓰시오. (33~54)

33 驗 [	]	34 姉 [	]
35 燈 [	]	36 法 [	]
37 殘 [	]	38 帶 [	]
39 貯 [	]	40 求 [	]
41 障 [	]	42 遊 [	]
43 歷 [	]	44 走 [	]
45 傷 [	]	46 鬪 [	]
47 寢 [	]	48 券 [	]
49 怨 [	]	50 敢 [	]
51 起 [	]	52 警 [	]
53 俗 [	]	54 準 [	]

03 다음 漢字의 部首를 쓰시오. (55~57)

55 資 [　　　　]

56 華 [　　　　]

57 區 [　　　　]

04 다음 漢字의 略字를 쓰시오. (58~60)

58 觀 [　　　　]

59 圖 [　　　　]

60 廣 [　　　　]

05 다음 漢字語 중 첫소리가 長音인 것을 가려 그 번호를
쓰시오. (61~63)

61 ① 假足　　② 家族　　[　　　]

62 ① 飛上　　② 非常　　[　　　]

63 ① 造船　　② 朝鮮　　[　　　]

06 다음 밑줄 친 漢字와 뜻이 반대(또는 상대)되는 漢字를
(　　) 속에 적어 문장을 완성하시오. (64~66)

64 전철의 (　　)着 시간은 컴퓨터로 정확하게 조작
　　된다.

65 그는 (　　)今을 통틀어서 가장 위대한 발명가로 추
　　앙을 받는다.

66 그의 주장은 <u>本</u>(　　)이 전도된 엉뚱한 궤변이다.

07 다음 밑줄 친 漢字와 뜻이 같거나 비슷한 漢字를 (　　)
속에 적어 문장을 완성하시오. (67~69)

67 영어로 된 상호를 우리말로 (　　)<u>更</u>하였다.

68 남사당패가 각종 (　　)<u>藝</u>를 선보일 때마다 관객들
　　이 박수를 쳤다.

69 개교 60주년을 <u>慶</u>(　　)하는 기념행사가 열렸다.

08 다음 제시한 漢字語와 뜻에 맞는 同音語를 漢字로 쓰
시오. (70~72)

70 舍利 – (　　　　) : 사물의 이치.

71 從臣 – (　　　　) : 목숨을 다하기까지의 동안.

72 樹海 – (　　　　) : 장마나 홍수로 인한 피해.

09 다음 漢字語의 뜻을 〈보기〉에서 찾아 그 번호를 쓰시오. (73~75)

> 보기
> ① 맛있는 한 가지 음식만 골라 먹음.
> ② 용수철처럼 튀거나 팽팽하게 버티는 힘.
> ③ 단단한 껍질에 싸여 있는 열매.
> ④ 과자와 음료
> ⑤ 총알의 속도.
> ⑥ 음식을 가리지 않고 먹음.

73 彈力 [   ]

74 堅果 [   ]

75 雜食 [   ]

10 다음 (   ) 안에 알맞은 漢字를 적어 四字成語를 완성하시오. (76~80)

76 江(호)煙波 : 강이나 호수 위에 안개처럼 보얗게 이는 기운과 그 수면의 잔물결.
[   ]

77 先(공)後私 : 공적인 일을 먼저 하고 사사로운 일은 뒤로 미룸.
[   ]

78 (이)卵擊石 : 달걀로 돌을 침.
[   ]

79 (백)折不屈 : 어떠한 난관에도 결코 굽히지 않음.
[   ]

80 自(화)自讚 : 자기가 한 일을 스스로 자랑함.
[   ]

11 다음 각 문장의 밑줄 친 漢字語를 漢字로 쓰시오. (81~100)

81 정원의 노란 개나리와 푸른 철쭉이 서로 조화를 이루었다. [   ]

82 여러 가지 악재가 겹쳐 경제가 어려울 전망이다.
[   ]

83 때로는 실패가 새로운 도약의 발판이 되기도 한다.
[   ]

84 아껴 쓰고 남은 용돈은 은행에 예금을 한다.
[   ]

85 주방 가구들은 주부의 동선을 고려하여 배치하였다.
[   ]

86 철수는 만능 스포츠맨이다. [   ]

87 봄철 가뭄으로 하천의 바닥이 드러났다.
[   ]

88 역사란 과거를 돌이켜 보고 미래의 지침으로 삼는 과학이다. [   ]

89 법은 예외 없이 누구에게나 공평하게 적용되어야 한다. [   ]

90 생일을 맞은 막내 동생에게 곰 인형을 선물하였다.
[   ]

91 육상 경기 트랙의 국제 표준 규격은 400미터이다.
[   ]

92 양양은 송이버섯의 산지로 유명하다. [   ]

93 백성들은 지혜와 덕성을 고루 갖춘 공주를 칭송하였다. [   ]

94 당분간 따뜻한 날씨가 지속될 것으로 전망된다.
[   ]

95 어린이 보호구역에서는 시속 30Km로 서행해야 한다. [   ]

96 어른들이 말씀하실 때 끼어드는 것은 무례한 짓이다. [   ]

97 영희는 명랑한 성격이라 교우 관계가 매우 두텁다.
[   ]

98 이 작품은 작자의 탁월한 독창성이 엿보인다.
[   ]

99 우리 가족은 눈이 큰 막내를 왕눈이라는 별명으로 부른다. [   ]

100 당국은 이번 산불의 피해액을 20억 정도로 집계했다.
[   ]

제102회
2023. 08. 26 시행

(社) 한국어문회 주관·한국한자능력검정회 시행
한자능력검정시험 4급 기출문제

문 항 수 : 100문항
합격문항 : 70문항
제한시간 : 50분

01 다음 밑줄 친 漢字語의 讀音을 쓰시오. (1~32)

○ 상대방을 [1]說得하려면 논리적이어야 한다.

○ 항상 용모를 [2]端正히 하고 공손한 [3]態度를 취하라. 〈도덕 5〉

○ [4]階段을 오르내릴 때에 안전에 유의해야 한다.

○ 그는 [5]辯護士로 활동하면서 여성 [6]差別을 없애는 데 힘썼다.

○ [7]氣候가 [8]溫暖化됨에 따라 해수면이 높아지고 있다.

○ 해안에는 바다로 [9]移動이 용이해 [10]港口 도시가 발달되어 있다. 〈사회 5〉

○ 프랑스, 독일 등 몇몇 나라에서는 [11]危險에 처한 사람을 고의로 [12]救助하지 않는 사람을 [13]處罰하는 법을 만들어 적용하고 있다. 〈사회 5〉

○ 투표는 국민이 정치에 [14]參與하는 대표적인 방법이다. 〈사회 6〉

○ [15]盜賊들은 험한 산을 [16]據點으로 삼는 것이 보통이다.

○ 비가 [17]繼續해서 내려 경기를 중단했다.

○ 우리 팀은 [18]攻擊에 치중하다가 [19]守備를 등한시 했다.

○ [20]經濟 발전을 통해 [21]貧困에서 벗어났다.

○ 구성원들은 [22]權利를 주장하기 전에 [23]義務를 다해야 한다.

○ 적의 지휘관을 [24]射殺하여 적을 [25]混亂에 빠뜨렸다.

○ 월드컵 경기 때 거리에서 [26]應援하는 [27]傳統이 만들어졌다.

○ 미술관을 [28]觀覽하는 것에 [29]趣味를 붙였다.

○ 병을 [30]豫防하는 것이 치료하는 것보다 중요하다.

○ 대학은 그 학교 나름의 [31]基準으로 학생을 선발한다.

○ 유명 인사를 [32]招請하여 강연회를 개최했다.

1 [	]	2 [	]
3 [	]	4 [	]
5 [	]	6 [	]
7 [	]	8 [	]
9 [	]	10 [	]
11 [	]	12 [	]
13 [	]	14 [	]
15 [	]	16 [	]
17 [	]	18 [	]
19 [	]	20 [	]
21 [	]	22 [	]
23 [	]	24 [	]
25 [	]	26 [	]
27 [	]	28 [	]
29 [	]	30 [	]
31 [	]	32 [	]

02 다음 漢字의 訓과 音을 쓰시오. (33~54)

33 街 [	]	34 隊 [	]
35 輪 [	]	36 髮 [	]
37 聲 [	]	38 鄕 [	]
39 避 [	]	40 閉 [	]
41 擇 [	]	42 縮 [	]
43 次 [	]	44 職 [	]
45 走 [	]	46 接 [	]

47 印 [   ]   48 嚴 [   ]

49 儒 [   ]   50 域 [   ]

51 深 [   ]   52 犯 [   ]

53 妙 [   ]   54 傾 [   ]

---

03 다음 單語 중 첫소리가 長音인 것을 가려 그 번호를 쓰시오. (55~57)

55 ① 意思   ② 醫師   [   ]

56 ① 有用   ② 流用   [   ]

57 ① 湖水   ② 戶數   [   ]

---

04 다음 밑줄 친 漢字와 뜻이 반대(또는 대립)되는 漢字를 ( ) 속에 적어 문장을 完成하시오. (58~60)

58 (   )좀 동수일 때 의장이 결정권을 갖는다.

59 가까운 사이도 往(   )가 없으면 멀어지게 마련 이다.

60 저 야구선수는 投(   ) 모두에서 뛰어난 활약을 하고 있다.

---

05 다음 ( ) 안의 글자를 漢字로 적어 四字成語를 完成 하시오. (61~65)

61 多多益(선) : 많으면 많을수록 더욱 좋음.

[   ]

62 美風(양)俗 : 아름답고 좋은 풍속이나 기풍.

[   ]

63 非一非(재) : 같은 현상이나 일이 한두 번이나 한 둘이 아니고 많음. [   ]

64 先(공)後私 : 공적인 일을 먼저 하고 사사로운 일 은 뒤로 미룸. [   ]

65 (자)強不息 : 스스로 힘써 몸과 마음을 가다듬어 쉬지 아니함. [   ]

---

06 다음 漢字의 部首를 쓰시오. (66~68)

66 恨 [   ]

67 裝 [   ]

68 器 [   ]

---

07 다음 밑줄 친 漢字와 뜻이 같거나 비슷한 漢字를 ( ) 속에 적어 문장을 完成하시오. (69~71)

69 지난 (   )誤를 반성하고 새롭게 출발하자.

70 우리 회사는 새로운 舍(   )으로 이전할 계획이다.

71 그 사건은 양측의 양보로 평화롭게 (   )結되었다.

---

08 다음 漢字語의 同音異義語를 漢字(正字)로 쓰되, 제시된 뜻에 맞추시오. (72~74)

72 假定 – (   ) : 한 가족이 생활하는 집.

73 固辭 – (   ) : 자세히 생각하고 조사함. 시험함.

74 禁酒 – (   ) : 이번 주.

---

09 다음 漢字語의 뜻을 〈보기〉에서 찾아 그 번호를 쓰시오. (75~77)

보기	① 본보기가 될 만한 모범. ② 몸에 상처를 입음. ③ 생활에 필요한 물건. ④ 다른 사람을 이끄는 지도자. ⑤ 생활 및 생산에 이용되는 원료.

75 負傷   [   ]

76 資源   [   ]

77 典範   [   ]

---

⑩ 다음 漢字의 略字를 쓰시오. (78~80)

78 獨 [   ]

79 號 [   ]

80 擧 [   ]

⑪ 다음 각 문장의 밑줄 친 漢字語를 漢字로 쓰시오.
(81~100)

○ 우리나라는 [81]원유를 수입하여 정제해서 수출한다.

○ 여름철에 차가운 [82]음료를 너무 마시면 배탈이 난다.

○ 나이 예순을 일컬어 [83]이순이라고 한다.

○ 맡은 일에 [84]책임을 다하면 다른 사람으로부터 신임을 받는다.

○ 성선설은 인간의 [85]본성은 착하다고 본다.

○ 노동조합의 파업으로 [86]조업이 중단되었다.

○ 우리나라 장마철은 아열대지방의 [87]우기에 해당한다.

○ 결혼식에 [88]축가를 불러줄 사람이 필요하다.

○ 전화기가 발명되어 먼 거리에서도 서로 [89]통화할 수 있게 되었다.

○ 지적재산권이 중시되면서 [90]특허에 대한 관심이 높아졌다.

○ [91]귀중한 물건은 따로 보관하시기 바랍니다.

○ 교통이 번잡한 도로에 [92]육교를 설치하여 안전하게 길을 건널 수 있도록 한다.

○ 현실에 [93]안주하는 것은 더 큰 성과를 이루기 어렵다.

○ 여행은 [94]견문을 넓혀 폭넓은 시각을 갖게 해 준다.

○ [95]가격 대비 만족도가 높은 것을 가성비가 좋다고 말한다.

○ 눈이 많이 오면 불편한 점도 있지만 아름다운 [96]설경으로 우리를 기쁘게 한다.

○ 어린이 보호 지역에서 과속하는 차량의 [97]단속을 철저하게 해야 한다.

○ 회원 [98]배가 운동이 [99]효과가 있어 회원 수가 많이 늘었다.

○ 자신의 [100]역사를 모르는 민족은 미래도 없다.

81 [   ]   82 [   ]

83 [   ]   84 [   ]

85 [   ]   86 [   ]

87 [   ]   88 [   ]

89 [   ]   90 [   ]

91 [   ]   92 [   ]

93 [   ]   94 [   ]

95 [   ]   96 [   ]

97 [   ]   98 [   ]

99 [   ]   100 [   ]

【제95회】 기출문제(111p~113p)

1 강수	2 지역	3 이상	4 주장
5 근거	6 상황	7 논설문	8 정리
9 모형	10 유려	11 납세	12 거부
13 명칭	14 무관심	15 태도	16 자세
17 고향	18 탈곡	19 다양	20 체험
21 감미	22 야적	23 가상	24 사절
25 반액	26 배열	27 녹화	28 용비
29 묘약	30 축소	31 탄사	32 전념
33 비석 비	34 넉넉할 우	35 틈/겨를 가	36 경사 경
37 꺾을 절	38 코끼리 상	39 뜻 취	40 엄할 엄
41 클 거	42 쓸[掃除] 소	43 쇠북 종	44 벌릴 라
45 심할 극	46 다를 차	47 창자 장	48 법 범
49 버들 류	50 이을 계	51 의지할 의	52 층계 단
53 무덤 묘	54 베풀 시	55 日	56 車
57 山	58 礼	59 医	60 卆
61 ①	62 ①	63 ②	64 開
65 賣	66 害	67 考	68 獨
69 末	70 加速	71 樹間	72 競技
73 ⑤	74 ②	75 ⑥	76 思
77 有	78 識	79 必	80 公
81 落葉	82 老化	83 窓門	84 歌唱
85 曲線	86 農樂	87 分類	88 大量
89 明朗	90 年歲	91 建物	92 當番
93 案內	94 感知	95 展望	96 死活
97 産業	98 面談	99 比例	100 英雄

【제96회】 기출문제(114p~116p)

1 도읍	2 화친	3 강요	4 고려
5 강화도	6 해산	7 제작	8 형태
9 종교	10 인도	11 지속	12 환경
13 보호	14 실현	15 추곡	16 단체
17 항의	18 조사	19 오차	20 범위
21 경찰	22 자세	23 분노	24 주변
25 혼잡	26 예매	27 배달	28 파손
29 난폭	30 운전	31 경력	32 우대
33 비칠 영	34 새길 각	35 캘 채	36 혼인할 혼
37 밑 저	38 소나무 송	39 넓을 보	40 선비 유
41 닭 계	42 기릴 찬	43 가루 분	44 나아갈 취
45 도둑 도	46 높을 숭	47 도울 원	48 부를 초
49 두터울 후	50 이마 액	51 힘쓸 면	52 검소할 검
53 혀 설	54 벗을 탈	55 赤	56 儿
57 儿	58 傳	59 鐵	60 廣
61 ①	62 ②	63 ①	64 落
65 果	66 他	67 觀	68 任
69 充	70 停止	71 思考	72 友情
73 ⑤	74 ②	75 ⑥	76 無
77 敬	78 惡	79 識	80 耳
81 競爭	82 發效	83 通過	84 決勝
85 各種	86 期約	87 例示	88 再唱
89 順序	90 奉仕	91 完敗	92 患者
93 洋屋	94 操心	95 領空	96 德談
97 最終	98 校則	99 原價	100 商店

【제97회】 기출문제(117p~119p)

1 축도	2 오인	3 시설	4 설복
5 사수	6 차점	7 추론	8 냉엄
9 다양	10 환경	11 정보	12 중요
13 자료	14 성실	15 근면	16 자세
17 책임감	18 적극적	19 태도	20 덕목
21 가담	22 시선	23 경유지	24 축조
25 방송	26 정치	27 난무	28 위상어
29 존대	30 귀족	31 침공	32 저속화
33 벼리 기	34 법 범	35 바꿀 역 / 쉬울 이	36 다할/궁할 궁
37 감히/구태여 감	38 숨길 비	39 아플 통	40 바퀴 륜
41 칠 박	42 나아갈 취	43 섬돌 계	44 비석 비
45 도둑 도	46 대롱/주관할 관	47 층계 단	48 겨룰 항
49 덜 손	50 혀 설	51 이마 액	52 깨달을 각
53 매울 렬	54 샘 천	55 犬	56 立
57 寸	58 卆	59 変	60 万
61 ② 假想	62 ① 動機	63 ① 事前	64 落
65 賞	66 陽	67 歌	68 入
69 朗	70 善戰	71 雨量	72 野心
73 ②	74 ③	75 ①	76 所
77 親	78 海	79 草	80 集
81 三角形	82 都邑	83 競爭	84 初選
85 材質	86 打開	87 種類	88 他人
89 調和	90 特許	91 參觀	92 結氷
93 價格	94 中流	95 漁船	96 決勝
97 罪惡	98 週年	99 再建	100 念願

【제98회】 기출문제(120p~122p)

1 온난화	2 해결	3 노력	4 출근
5 예상	6 칭찬	7 조언	8 목표
9 방해	10 환경	11 기준	12 혼란
13 총선거	14 비무장	15 주변	16 보존
17 격변	18 지속적	19 태도	20 허영
21 심혈	22 처리	23 채취	24 납세
25 시설	26 선전	27 숭배	28 한가
29 파손	30 계통학	31 벌점	32 보고
33 새길 각	34 낮을 저	35 군을 견	36 뼈 골
37 쇳돌 광	38 문서 권	39 묘할 묘	40 숨길 비
41 매울 렬	42 칠 박	43 엎드릴 복	44 실 사
45 위엄 위	46 꺾을 절	47 샘 천	48 험할 험
49 피할 피	50 더불/줄 여	51 춤출 무	52 층 층
53 맞을 적	54 다를 이	55 ②	56 可
57 ②	58 可	59 公	60 終
61 定	62 感	63 種	64 耳
65 日	66 戈	67 乙(乚)	68 艸(艹)
69 白	70 獨	71 過	72 加速
73 今週	74 功名	75 ⑥	76 ③
77 ①	78 鉄	79 広	80 当
81 規則	82 大陸	83 活動	84 物件
85 小說	86 作品	87 現實	88 技術
89 强要	90 相對方	91 奉仕	92 代價
93 根本	94 戰爭	95 臣下	96 後期
97 農業	98 商工	99 湖水	100 結果

【제99회】 기출문제(123p~125p)

1	항의	2	채취	3	호송	4	난관
5	은혜	6	강하	7	회유	8	감흥
9	배려	10	연륜	11	자부	12	직업
13	포용	14	탐조	15	어룡	16	판단
17	신경	18	기여	19	여분	20	감축
21	난리	22	제출	23	칭송	24	평전
25	치통	26	근속	27	연결	28	여독
29	곤경	30	절묘	31	시선	32	표면적
33	갖출 비	34	진 액	35	매울 렬	36	한가할 한
37	장할 장	38	기후 후	39	던질 투	40	가루 분
41	혹 혹	42	탄알 탄	43	힘줄 근	44	사나울 폭 | 모질 포
45	대포 포	46	맡길 위	47	층 층	48	점령할 점/점칠 점
49	장막 장	50	관청 청	51	늘일 연	52	범할 범
53	굳을 견	54	꾸밀 장	55	艹(⺿)	56	刀(刂)
57	貝	58	輕	59	売	60	鐵
61	② 救助	62	① 動機	63	② 武勇	64	罪
65	可	66	公	67	選	68	住
69	害	70	樹間	71	水位	72	道路
73	③	74	⑥	75	④	76	惡
77	百	78	有	79	千	80	必
81	效果	82	熱情	83	到着	84	前期
85	參席	86	命令	87	意識	88	高貴
89	法規	90	料金	91	人品	92	急流
93	産物	94	親善	95	原文	96	思考
97	入賞	98	去來	99	失敗	100	客地

【제100회】 기출문제(126p~128p)

1	배려	2	희망	3	환희	4	증가
5	진입	6	보호	7	책임	8	의무
9	도피	10	취직	11	칭찬	12	환경
13	응원	14	판단	15	선택	16	혼란
17	도적	18	은혜	19	보답	20	위험
21	복구	22	근면	23	성실	24	여건
25	수비	26	전담	27	손해	28	취소
29	자원	30	기회	31	거절	32	투표
33	볼 간	34	내릴 강 | 항복할 항	35	보배 보	36	납 연
37	슬기/지혜 지	38	한가할 한	39	들을 청	40	남을 여
41	얼굴 용	42	가늘 세	43	방 방	44	맛 미
45	매울 렬	46	성낼 노	47	무리 대	48	콩 두
49	외로울 고	50	맞을 영	51	고기 육	52	어질 현
53	평할 평	54	충성 충	55	①	56	①
57	②	58	失	59	明	60	畫
61	食	62	安	63	馬	64	強
65	外	66	女	67	骨	68	貝
69	感	70	着	71	高	72	家事
73	手記	74	再考	75	②	76	⑤
77	①	78	學	79	鐵	80	圖
81	力量	82	直面	83	始作	84	奉仕
85	本性	86	調節	87	最善	88	效果
89	所願	90	獨立	91	勝敗	92	信念
93	熱情	94	品質	95	價格	96	費用
97	競爭	98	開發	99	財産	100	廣告

【제101회】 기출문제(129p~131p)

1	분통	2	상황	3	엽전	4	중독
5	정권	6	증액	7	거처	8	습득
9	감수	10	계통	11	적용	12	총합
13	열연	14	출장	15	광산	16	감소
17	암살	18	인도	19	표시	20	양곡
21	사설	22	선고	23	투숙	24	제단
25	험담	26	비술	27	대란	28	휴식
29	단면	30	예비	31	이탈	32	세배
33	시험 험	34	손윗누이 자	35	등 등	36	법 법
37	남을 잔	38	띠 대	39	쌓을 저	40	구할[索] 구
41	막을 장	42	놀 유	43	지날 력	44	달릴 주
45	다칠 상	46	싸움 투	47	잘 침	48	문서 권
49	원망할 원	50	감히/구태여 감	51	일어날 기	52	깨우칠 경
53	풍속 속	54	준할 준	55	貝	56	艹(⺿)
57	匚	58	覌, 文見, 觀	59	図	60	広
61	① 假足	62	② 非常	63	① 造船	64	發
65	古	66	末	67	變	68	技
69	祝	70	事理	71	終身	72	水害
73	②	74	③	75	⑥	76	湖
77	公	78	以	79	百	80	畫
81	調和	82	惡材	83	失敗	84	銀行
85	動線	86	萬能	87	河川	88	過去
89	例外	90	人形	91	規格	92	産地
93	德性	94	展望	95	時速	96	無禮
97	交友	98	作者	99	別名	100	集計

【제102회】 기출문제(132p~134p)

1	설득	2	단정	3	태도	4	계단
5	변호사	6	차별	7	기후	8	온난화
9	이동	10	항구	11	위험	12	구조
13	처벌	14	참여	15	도적	16	거점
17	계속	18	공격	19	수비	20	경제
21	빈곤	22	권리	23	의무	24	사살
25	혼란	26	응원	27	전통	28	관람
29	취미	30	예방	31	기준	32	초청
33	거리 가	34	무리 대	35	바퀴 륜	36	터럭 발
37	소리 성	38	시골 향	39	피할 피	40	닫을 폐
41	가릴 택	42	줄일 축	43	버금 차	44	직분 직
45	달릴 주	46	이을 접	47	도장 인	48	엄할 엄
49	선비 유	50	지경 역	51	깊을 심	52	범할 범
53	묘할 묘	54	기울 경	55	①	56	①
57	②	58	可	59	來	60	打
61	善	62	良	63	再	64	公
65	自	66	心	67	衣	68	口
69	過	70	屋	71	終	72	家庭
73	考査	74	今週	75	②	76	⑤
77	①	78	獨	79	号	80	擧
81	原油	82	飮料	83	耳順	84	責任
85	本性	86	操業	87	雨期	88	祝歌
89	通話	90	特許	91	貴重	92	陸橋
93	安住	94	見聞	95	價格	96	雪景
97	團束	98	倍加	99	效果	100	歷史

한자능력검정시험
기출 · 예상문제집 4급

발 행 일 ㅣ 2024년 3월 20일
발 행 인 ㅣ 한국어문한자연구회
발 행 처 ㅣ 한국어문교육연구회
주 소 ㅣ 경기도 남양주시 다산순환로 20 B동
　　　　　 3층 34호(다산현대 프리미엄캠퍼스몰)
전 화 ㅣ 02)332-1275, 031)556-1276
팩 스 ㅣ 02)332-1274
등록번호 ㅣ 제313-2009-192호
I S B N ㅣ 979-11-91238-66-2　13700

정가 14,000원

공|급|처　푸른하늘　T. 02-332-1275, 1276　ㅣ　F. 02-332-1274
　　　　　　　　　　　　　　www.skymiru.co.kr

한자능력검정시험
기출 · 예상문제집